La presencia de Dios en tu vida

Libros de A.W. Tozer publicados por Portavoz:

Adoración

El Consejero

Deléitate en Dios

Diseñados para adorar

Este mundo: ¿campo de recreo o campo de batalla?

Fe auténtica

Fe más allá de la razón

Lo mejor de A.W. Tozer, Libro uno

Lo mejor de A.W. Tozer, Libro dos

Oración

Los peligros de la fe superficial

El poder de Dios para tu vida

¡Prepárate para el regreso de Jesús!

La presencia de Dios en tu vida

La verdadera vida cristiana

Una fe incómoda

Y Él habito entre nosotros

A. W. TOZER

Compilado y editado por James L. Snyder

LA PRESENCIA DE DIOS EN TU VIDA

ENSEÑANZAS DEL LIBRO DE HEBREOS

EDITORIAL PORTAVOZ

La misión de *Editorial Portavoz* consiste en proporcionar productos de calidad —con integridad y excelencia—, desde una perspectiva bíblica y confiable, que animen a las personas a conocer y servir a Jesucristo.

Título del original: *Experiencing the presence of God* © 2010 por A. W. Tozer y publicado por Regal, de Gospel Light, Ventura, California, USA. Traducido con permiso.

Edición en castellano: *La presencia de Dios en tu vida* © 2014 por Editorial Portavoz, filial de Kregel Publications, Grand Rapids, Michigan 49505. Todos los derechos reservados.

Traducción: Daniel Menezo

EDITORIAL PORTAVOZ
2450 Oak Industrial Dr. NE
Grand Rapids, Michigan 49505 USA
Visítenos en: www.portavoz.com

ISBN 978-0-8254-1977-5 (rústica)
ISBN 978-0-8254-0794-9 (Kindle)
ISBN 978-0-8254-7982-3 (epub)

3 4 5 / 22

Impreso en los Estados Unidos de América
Printed in the United States of America

CONTENIDO

PREFACIO

Siendo adolescente y cristiano recién convertido, uno de mis primeros y mayores descubrimientos fue A. W. Tozer. Desde *El conocimiento del Dios santo* (que sigue siendo mi libro de no ficción favorito, aparte de la Biblia) hasta *La búsqueda de Dios* y *Después de medianoche*, y sus otros libros compilados de los artículos editoriales que escribió para la revista *The Alliance Witness*, devoré todo lo que ha escrito Tozer.

Aún regreso a aquellas páginas tan manoseadas y me maravillo de lo cristocéntricas e incisivas que siguen siendo las palabras de Tozer, cómo exaltan a Dios. ¿Qué quiero decir con "incisivas"? Bueno, es que leyendo a algunos de los escritores cristianos de nuestra época me he sentido tentado a tener muy buena imagen de mí mismo. Pero leer a Tozer ¡es como pedir un bofetón muy necesario! En la portada de sus libros debería haber un adhesivo que advirtiera a los lectores que tendrán que vérselas con el Espíritu de Dios. Y ¿no es eso lo que necesitamos en nuestra cultura ruidosa, amante de las emociones, que dice que todo lo que nos hace sentir bien es correcto?

Tozer no solo fue un gran pensador y amante de Cristo, sino también un magnífico escritor que pulió su capacidad literaria siendo editor y escritor de artículos editoriales. Son de destacar sus conocimientos eclécticos, y aun así su estilo es conciso y agudo. Sus palabras nacen de una fuente superior, de su inmersión en la Palabra de Dios y su propio compromiso de adorarle en todas las cosas. El resultado es un poder que en ocasiones deja al lector sin respiración, pero anhelando más.

Estoy convencido de que la Iglesia evangélica en el mundo occidental necesita a A. W. Tozer más que nunca. Por eso estoy tan agradecido por la aparición de esta obra, antes inédita, *La presencia de Dios en tu vida*. ¡Qué placer escuchar a Tozer sobre un tema de tanto interés, la presencia manifiesta de Dios en la vida de su pueblo! Es una llamada de alerta muy necesaria para todo aquel que anhele adorar de verdad a Dios. Me enriqueció y me desafió.

Para mí Tozer es un mentor y un viejo amigo. Su intemporalidad y su impacto sobre mi vida son comparables a los de Charles Haddon Spurgeon. Ninguno de los dos ha perdido ni un ápice de su poder y su unción originarios, que se enraizaban con tanta firmeza en la Palabra de Dios y en el ministerio del Espíritu Santo en sus vidas.

Las palabras de Tozer alimentan mi mente y mi corazón, encaminándome siempre hacia Cristo. Al confraternizar con A. W. Tozer en las páginas de sus libros, me siento impulsado a adorar a Dios y me acerco más a mi Salvador y Rey. No hay ningún cumplido mejor que pueda hacerle a un escritor.

Doy gracias a Dios por A. W. Tozer, y espero el momento de sentarme junto a él en el banquete en la Tierra Nueva, donde oiremos hablar directamente a nuestro Redentor. Hasta entonces, mi consejo es sencillo: lee este libro y todas las palabras de A. W. Tozer que puedas conseguir. Al hacerlo, te acercarás más a Cristo e invertirás en la eternidad que nos aguarda.

Randy Alcorn
Autor de los éxitos de ventas *El cielo*,
El principio del tesoro y *A salvo en casa*
Director de *Eternal Perspective Ministries*

Un viaje para descubrir la presencia de Dios

A lo largo de la historia de la humanidad se han realizado grandes descubrimientos. No estoy seguro de cuál podríamos señalar y decir: "Este ha sido el mayor descubrimiento del mundo". Pero, para el corazón hambriento, solo hay un descubrimiento que pueda satisfacerlo: el descubrimiento de la presencia manifiesta y consciente de Dios.

Este libro que tienes entre manos es la revelación del mayor descubrimiento del Dr. Tozer: comprender en qué consiste la presencia de Dios en la vida del cristiano, y experimentarla. El Dr. Tozer es un guía calificado para este peregrinaje.

A medida que avances por este libro descubrirás varias cosas. Primero, todo lo que escribe el Dr. Tozer se basa en verdades sólidas, escriturales. La idea principal que establece es que una verdad nunca está aislada de otras. Según Tozer, aislar la verdad de Dios es el punto de partida de las herejías en la Iglesia.

Cuando las personas empiezan a aislar las Escrituras para intentar desconectar sus componentes, es una señal que nos advierte que sacrificarán la verdad. Es posible hacer que la Biblia diga cualquier cosa que realmente queremos que diga. Después de todo, las sectas del mundo empiezan usando la Biblia, y lo que hacen es aislar la verdad, sin reconocer la armonía de la verdad en la Palabra de Dios. A menudo el Dr. Tozer dirá que para que la Biblia sea la Palabra de Dios no se le puede quitar ningún componente.

Por lo tanto, el fundamento escritural es muy importante. Muchas personas han tomado un desvío radical en un punto determinado y han acabado en lo que el Dr. Tozer denomina un misticismo sin Cristo. No hay nada más peligroso que esto, que en nuestros días ha conducido a una caricatura extraña del cristianismo.

Creo que lo siguiente que debes buscar en este libro es lo que el Dr. Tozer describe como la presencia consciente y manifiesta de Dios. A muchas personas les desagrada la Palabra "experiencia". Sin embargo, a menos que hayas experimentado la salvación, no has nacido de nuevo. Por lo tanto, el ruego de este libro es que cada uno de nosotros siga adelante sin desmayar y experimente la presencia de Dios.

¿Habrá charlatanes que sigan esta línea? Sin duda. Pero no podemos permitir que un hereje nos arrebate las verdades asociadas con la vida cristiana. Esta verdad básica ante nosotros dice que es posible que conozcamos a Dios con un grado de intimidad que es progresivo a la par que dinámico. El apóstol Pablo dijo: "a fin de conocerle, y el poder de su resurrección, y la participación de sus padecimientos, llegando a ser semejante a él en su muerte" (Fil. 3:10). Este es el objetivo y aquello que buscamos: conocer a Dios con una intimidad cada vez mayor día tras día.

Este libro te abrirá el apetito por algunas de las verdades profundas de Dios. Creo que si el Dr. Tozer viviera hoy le conmocionarían algunas de las enseñanzas que oímos en la radio y sobre todo en la televisión. En nuestra época no se exponen a gran escala las verdades profundas de la Palabra de Dios.

Esto nos lleva a otro tema de este libro. Tozer nunca se muestra benévolo con lo que denomina "religiosidad" o, como dicen las Escrituras, con quienes "tendrán apariencia de piedad, pero negarán la eficacia de ella; a éstos evita" (2 Ti. 3:5). Una de las cosas que ataca con más virulencia es el entretenimiento en la Iglesia. Si eres del tipo de persona a quien le gusta que le entretengan, puede que no te guste lo que leas. Este mensaje es para aquellos que realmente quieren conocer a Dios de una forma extraordinaria.

Una advertencia: puede que no siempre estés de acuerdo con el Dr. Tozer. De hecho, él no querría que lo estuvieras. Su propósito no es ganarte para su causa. En nuestra sociedad tenemos la tendencia a dividirnos en pequeños grupos religiosos. En cada grupo, todos los miembros tienen que estar de acuerdo con los demás sobre todo lo que cree ese grupo en particular. Si no estás de acuerdo con todo, tendrás que buscarte otro grupo.

A Tozer esta idea le parecía absurda. Existen ciertos fundamentos de la fe que todos debemos respaldar y defender, pero además, como diría Tozer, debemos siempre dejar espacio para el misterio. En el ámbito espiritual hay muchas cosas que siguen siendo un misterio. Cuando tenemos problemas es cuando intentamos definir y describir todos los misterios. En el campo de la espiritualidad, muchos de nosotros tenemos complejo de Sherlock Holmes. Queremos saberlo todo, hasta el último detalle. Esto no es más ni menos que minuciosidad religiosa, y alimenta el orgullo farisaico.

Buscar a Dios y aspirar a conocerle son rasgos bienvenidos. Pero en todo esto, por mucho que hayamos avanzado en nuestro caminar espiritual, siempre quedarán misterios. Lo que enseña el Dr. Tozer en este libro es cómo caminar en el misterio que supone experimentar la presencia de Dios.

Al final de cada capítulo se incluye un himno o una poesía escogidos, que resume la verdad contenida en ese capítulo. Vale la pena el esfuerzo de dedicar un tiempo a meditar en ese himno o poema. La práctica del Dr. Tozer en su caminar cotidiano con el Señor era pasar un tiempo con el himnario. Sé que los himnarios ya han quedado obsoletos en muchas iglesias modernas, ¡pero no podemos permitirnos ignorar los tesoros de algunos de estos antiguos himnos de la Iglesia!

El Dr. Tozer no era de los que siempre están mirando atrás y echan de menos "los viejos tiempos". Pero tampoco menospreciaba la gran historia de nuestra fe cristiana. Y donde se aprecia mejor esa historia es en las palabras de un buen himnario tradicional. Quizá su amor por los himnos te induzca a explorar este amplio reservorio de la verdad doctrinal.

Deseo que Dios te dé fuerzas en tu viaje espiritual para que experimentes todo lo que Él ha decidido. Y espero que cuando acabes este libro estés dispuesto a vivir en la presencia manifiesta y consciente del Dios todopoderoso.

James L. Snyder

Enseñanzas del libro de Hebreos

1

Avancemos hacia la presencia de Dios

Dios, habiendo hablado muchas veces y de muchas maneras en otro tiempo a los padres por los profetas, en estos postreros días nos ha hablado por el Hijo, a quien constituyó heredero de todo, y por quien asimismo hizo el universo; el cual, siendo el resplandor de su gloria, y la imagen misma de su sustancia, y quien sustenta todas las cosas con la palabra de su poder, habiendo efectuado la purificación de nuestros pecados por medio de sí mismo, se sentó a la diestra de la Majestad en las alturas.

Hebreos 1:1-3

En los rincones más profundos del alma humana se encuentra el anhelo insaciable de conocer al Creador. Este es un hilo conductor que discurre por toda la humanidad, creada a imagen de Dios. A menos que se satisfaga plenamente ese deseo, y hasta que se consiga, el alma del ser humano estará inquieta, luchando sin cesar por obtener lo que, en última instancia, es inaccesible.

Cualquier cristiano juicioso ve claramente que los hombres y mujeres de nuestra época están sumidos en un espantoso caos espiritual y moral. Una persona debe saber dónde se encuentra, antes de comprender dónde necesita estar. Sin embargo, la solución no está al alcance del esfuerzo humano. El ideal o el éxito más elevado del hombre consisten en romper la esclavitud espiritual y entrar en la presencia de Dios, sabiendo que uno ha entrado en un territorio en el que se le da la bienvenida.

Dentro de todo corazón humano habita este deseo que le impulsa hacia delante. Muchas personas confunden el objeto de ese deseo y se pasan toda la vida luchando por alcanzar lo inalcanzable. Dicho de forma muy sencilla, la gran pasión en el corazón de todo ser humano, que ha sido creado a imagen de Dios, es experimentar la prodigiosa majestad de la presencia divina. El máximo logro de la humanidad es entrar en la presencia subyugante de Dios. Nada más puede satisfacer esta sed ardiente.

La persona común, incapaz de entender esta pasión por la intimidad con Dios, llena su vida de cosas con la esperanza de satisfacer su anhelo interior. Persigue lo exterior, con la esperanza de saciar esa sed interna, pero no sirve de nada.

Agustín, obispo de Hipona, captó la esencia de este deseo en su obra *Confesiones*: "Tú nos has creado para ti, y no hallamos reposo hasta que descansamos plenamente en ti". Esto explica, en gran medida, el espíritu de inquietud presente en toda generación y en toda cultura; la lucha constante por el conocimiento de la verdad de la presencia divina, esfuerzo que no llega a ninguna parte.

Juan, el autor del libro de Apocalipsis, nos dice algo parecido: "Señor, digno eres de recibir la gloria y la honra y el poder; porque tú creaste todas las cosas, y por tu voluntad existen y fueron creadas" (Ap. 4:11). Dios se complace sobremanera en que descansemos plenamente en su presencia, momento a momento. Dios creó al hombre expresamente para que disfrutara de su bendición y su comunión. Nada en este mundo ni de él está a la altura del placer sencillo que es experimentar la presencia de Dios.

El espíritu de desasosiego que penetra en la marea de la humanidad da testimonio de esto. Nuestro propósito, como seres creados, es invertir nuestro tiempo deleitándonos en la presencia manifiesta de nuestro Creador. Esta presencia es intangible e indescriptible. Algunos intentan explicarla, pero los únicos que pueden comprenderla de verdad son quienes tienen un conocimiento personal e íntimo de la presencia de Dios. Hay cosas que están por encima de la explicación y el entendimiento humanos, y esta es una de ellas. Muchos cristianos tienen todo un río de buena información, pero solo unas gotas caen en su alma lánguida para satisfacer su sed de la presencia de Dios. Son demasiados quienes nunca han penetrado en la luz radiante y deslumbrante de la presencia consciente y manifiesta de Dios. O, si quizá lo han hecho, es una experiencia infrecuente, no un deleite constante.

El deseo del hombre por elevarse

La intimidad con el Creador distingue al ser humano del resto de la creación divina. La gran pasión alojada en el pecho de todo ser humano creado a la imagen de Dios es experimentar esta prodigiosa majestad de su presencia. Sin embargo, hay algunos obstáculos en el camino del hombre que anhela entrar en la presencia de Dios con una familiaridad personal e íntima.

La experiencia de demasiadas personas que intentan sondear la presencia de Dios acaba en una frustración completa, absoluta. Desear entrar en su presencia y hacerlo son dos cosas muy diferentes. Como seres creados, los hombres desean la presencia del Creador, pero por sí solos no pueden encontrarla.

Pensemos en el águila, nacida para volar. En el pecho del aguilucho late el deseo natural que le impulsa a levantarse usando sus alas y propulsarse por los cielos, teniendo bajo sus alas cientos de metros de aire limpio. De vez en cuando el águila camina por el suelo o se posa en un árbol, pero en su cuerpo todo está diseñado para remontarse por los aires. Si a nuestra águila le cortaran plumas de las alas, impidiéndole volar, aún sentiría el deseo ardiente de remontarse por los aires. Sin embargo, su capacidad estaría tan mermada que no podría despegar del suelo. No podría ser fiel a su naturaleza.

Este es el dilema de la humanidad. Hemos nacido para ascender al propio entorno de la presencia de Dios, el lugar al que pertenecemos; pero algo nos ha cortado las alas, impidiéndonos responder al clamor de nuestro ser. "Un abismo llama a otro a la voz de tus cascadas; todas tus ondas y tus olas han pasado sobre mí" (Sal. 42:7). Como el hombre no puede acceder a la presencia de Dios, padece muchos males.

Los obstáculos a la presencia de Dios

Por supuesto, el mayor obstáculo es el hecho de que Dios es inalcanzable. El pecado ha generado una deuda insalvable para toda la humanidad. Sin embargo, la buena noticia es que Cristo ha pagado esa deuda y ha abierto un acceso a Dios para todos. Pero existen al menos tres desafíos que obstaculizan el camino del ser humano en su búsqueda de la presencia de Dios.

La bancarrota moral del alma humana

El primer obstáculo es la bancarrota moral del alma humana. El ataque inevitable del ser humano contra el reino de Dios y el orden moral del universo le puso en deuda con ese orden moral, y se convierte en una deuda con el gran Dios que creó los cielos y la tierra. Esta deuda hay que pagarla. Lo que exige y reclama la conciencia moral de todo ser humano es un mérito suficiente que salde esa deuda. Por eso todas las religiones intentan establecer ese mérito, pero sin éxito.

La religión recurre a lo que se da en llamar "buenas obras", que dan como resultado un vacío y una sensación muy arraigada de culpabilidad que nada puede eliminar. Pero incluso si pudiéramos obtener ese fundamento de mérito, no sería suficiente. Hay que garantizar el perdón.

¿Qué pasaría si un criminal despreciable quisiera tener una audiencia con la reina de Inglaterra? Alguien que tiene un historial dilatado de actividad criminal desea presentarse ante la reina y ser admitido en su presencia.

Esta situación podría arreglarse, porque muchos han deseado algo así y se lo han concedido. Pero antes de que ese criminal fuera admitido a la presencia de la reina habría que hacer algo. Nadie podría permitir arbitrariamente el acceso de un criminal a la presencia de la reina, alguien que debido a sus actos pasados pone en peligro la seguridad de su majestad y de todo lo que ella simboliza.

Con el paso de los años, muchos se han sometido al protocolo legal que les ha preparado para una audiencia con la reina. El ingrediente principal para entrar en la presencia de la monarca descansaría sobre una amnistía legal. Alguien tendría que resolver todos los temas legales necesarios para conceder un perdón absoluto. Sería necesario pagar la deuda. El perdón es un acto legal que escapa a las capacidades de la persona perdonada; es una fuerza externa que entierra el pasado criminal. Ese sería el primer paso.

Ningún criminal podría entrar porque sí a la presencia de la reina, simplemente porque deseara hacerlo. Tendría que ser alguien que le prestara lealtad, pero eso tampoco sería suficiente. Aun si el Gobierno perdonara a ese hombre, aunque pudiera borrar todas las entradas en el registro de sus actividades criminales contra él, de modo que no quedara ninguna en los libros, y aunque le devolviera su ciudadanía como si volviera a ser un ciudadano libre de nuevo, todo esto no bastaría.

Ahora toma el ejemplo de este criminal que está en la presencia de la reina de Inglaterra y piensa en nuestro deseo de entrar en la presencia del Dios santo. El corazón humano sabe que no puede entrar en la presencia de Dios porque se ha rebelado contra Él. Es necesario hacer algo para que esa rebelión acabe y se olvide. El acto de rebelión debe perdonarse del todo, y al rebelde se le debe devolver la condición plena de ciudadano en el reino de Dios, para que sea hecho un hijo del Padre.

Todo esto fue hecho en Cristo, pero aun así no es suficiente. Hay otro obstáculo.

El hedor del pecado que nos rodea

Volvamos al ejemplo de un criminal que pide audiencia con la reina. Aunque a ese hombre se le han perdonado por completo sus crímenes, y su pasado ha quedado borrado, eso no basta. No solo hay que resolver el pasado, sino también abordar el presente. No podría salir de la cárcel, sin afeitar y sucio, para entrar en la presencia de la reina. Tendría que lavarse y arreglarse para presentarse ante ella. Este hombre perdonado está sucio, huele mal y no se ha afeitado. Antes de entrar en la presencia de la reina, tendría que lavarse, acicalarse y vestirse correctamente.

Si quiere estar en la presencia de la reina, su condición y su vestuario actuales deben estar en perfecta conformidad con los deseos y las exigencias de la monarca. Ella fija el estándar, y todos los que entren a su presencia deben respetarlo. Ella nunca se adapta a los estándares de ellos.

De igual manera, un hombre no puede entrar a la presencia de Dios envuelto en el hedor de su pecado. Aunque el pasado se haya borrado, debe cuidar también su estado presente. La mera presencia de pensamientos pecaminosos, por ejemplo, obstaculiza nuestra entrada a la presencia de Dios. La suciedad pegada a nuestra ropa de arrogancia espiritual repele a la presencia pura e inmarcesible de Dios. No solo necesitamos un cambio de corazón, sino también de ropa. Por consiguiente, hemos de cambiar nuestras ropas sucias por el hábito puro de la justicia. Para entrar a la presencia de Dios debemos adaptarnos a su estándar en todos los sentidos.

A la luz de ese estándar, es necesario que haya cierta provisión. En la casa de David hay que abrir alguna fuente para el pecado y la inmundicia, de modo que no solo seamos perdonados sino también limpiados. ¡La sangre de Jesucristo cumplió este acto magnífico! Eso es lo que enseña el cristianismo. Este es el testimonio que da la Iglesia al mundo. La conciencia moral del hombre, que clama pidiendo perdón y limpieza ante la presencia del gran Dios, ahora los ha encontrado gracias a un suceso, un acto del Hijo eterno, quien es la imagen del Dios invisible y el primogénito de toda criatura, que sustenta todas las cosas por la palabra de su poder (ver Col. 1:15-17). Se comprometió por sí solo a hacer ese acto terrible, inconcebible, increíble y estupendo. Por sí solo pagó la pena por nuestros pecados. Solo Él podía hacerlo, de modo que lo hizo solo.

En otras cosas, Jesucristo estuvo dispuesto a aceptar ayuda. Cuando nació en este mundo aceptó la ayuda de la virgen María, que entregó su cuerpo puro a Dios y le trajo al mundo: un hombre que nació como bebé en un pesebre de Belén. Lloró en los brazos de su madre, mamó de su pecho, ella le alimentó y le cuidó. Aceptó la ayuda de su madre. Aceptó agradecido la ayuda de José, su presunto padre, un sencillo carpintero que trabajaba desde el alba hasta el ocaso para ofrecer ropas y refugio a su esposa y al niño Jesús.

Pero en cierta área, la purga del pecado humano, el Hijo trabajó solo, y sin ayuda cumplió todos los requisitos para la redención humana. Por consiguiente, el hedor del pecado que despide el hombre lo puede lavar y quitar la sangre de Jesucristo derramada en la cruz. Este estándar nos permite entrar osadamente a la presencia de Dios.

El concepto perdido de la majestad

Incluso los que forman parte de la cristiandad se han visto desafiados en su búsqueda de Dios. Nuestras ropas no son las únicas que necesitan la purificación divina, sino también nuestras actitudes e intenciones. Debemos entrar en su presencia de una forma que sea digna de Él.

La generación actual de cristianos ha padecido lo que yo llamo el concepto perdido de la majestad. Esto se ha producido siguiendo una decadencia lenta, manifestándose en nuestra depreciación de nosotros mismos. Quienes confieren al hombre escaso valor también se lo atribuyen a Dios. Después de todo, Dios creó al hombre a su imagen. Cuando dejamos de entender la naturaleza majestuosa del hombre, dejamos de apreciar la de Dios. ¿Cómo hemos llegado a esta situación?

En cierto momento muchos creían que la Tierra era el centro del universo y que todos los cuerpos celestes giraban en torno a ella. Era una Tierra simple, fácil de explicar, porque vivimos por vista, y según nuestros ojos la Tierra está quieta y todo lo demás viaja alrededor de ella. La mayoría pensaba esto hasta la época de Copérnico y Galileo, que llegaron en el siglo XVI y enseñaron que la Tierra no está en absoluto fija, sino que se mueve siguiendo una órbita.

En su mayor parte, la gente aceptó estos descubrimientos y dijo: "Entonces nos equivocamos al pensar que estaba fija. Ya no lo creemos". De modo que dejaron de pensar que en el universo había cuerpos fijos, o al menos que la Tierra estaba inmóvil.

En aquella época, el pensamiento más frecuente decía: "Vamos a bordo de la Tierra, que sigue su curso diurno. Si la Tierra no es el centro del universo, el hombre es el centro de la creación de Dios. Además, no solo es el centro, sino su punto culminante". La creencia aceptada en aquellos tiempos era que el hombre era la obra cumbre del mundo; Dios le creó, y lo hizo a su imagen.

Con el tiempo llegó Charles Darwin, que enseñó que el hombre no es el centro, la cabeza, el punto culminante, definitivo y terminado de la creación. Además, la Tierra y todo lo que hay en ella no es una creación; simplemente, está ahí. No es más que un propósito móvil. El hombre solo está a mitad de camino de donde estaba antes y de donde estará un día. En otro tiempo, el hombre se movía en un fango de partículas y se arrastraba y chapoteaba en lo profundo del mar. Luego el sol le alcanzó, le salió un ojo y se convirtió en una salamandra acuática. Se desplazó un poco más y, después de que pasaran unos cuantos millones de años, se convirtió en un ave. Después de eso se convirtió en mono y aquí estamos, evolucionando. Sin embargo, no estamos en nuestro destino final ni tampoco en el lugar del que salimos. No somos el centro de nada. Nos limitamos a despegar; estamos en movimiento.

En las postrimerías del siglo XX, o un poco antes, el mundo de repente respiró hondo y dijo: "¿Es posible que sigamos luchando para evolucionar y que lo que antes llamábamos pecado no lo sea? Es algo distinto. No es más que el espasmo muscular de la vieja salamandra acuática. Son los restos de lo que solía haber en el hombre y, poco a poco, los estamos purgando. Fijémonos en el babuino y en ese profesor universitario. ¡Vaya diferencia más increíble! Fíjate en él, ahí sentado, escuchando una sinfonía de Beethoven con esa mirada soñadora. ¿Ves cuánto ha avanzado?".

Sí, sin duda ha avanzado mucho. Míralo dos noches más tarde, cuando su mujer le echa una bronca y él se revuelve, le dispara, la acuchilla o la abandona. Él también es un ser humano, y todos sus títulos no han podido cambiarle en ningún sentido.

A pesar de todo esto, había gente que decía: "En algún lugar hay algo fijo. Si no es la Tierra, será el sol". Más o menos en esa época llegó Albert Einstein y dijo: "No, las cosas no son así. En ningún lugar hay nada fijo, ni siquiera el sol. El sol no es más que otra estrella, en torno a la cual se ha organizado el sistema solar, pero este tampoco está fijo. Orbita en torno a otra estrella más lejana, y esta a su vez gira en torno a otra más lejana todavía".

A estas alturas seguro que empieza a dolerte la cabeza y dices: "¡Por favor, déjame tranquilo! Ya no puedo más". Todos estos postulados han servido para derribar todas las ideas sobre la majestad del ser humano. No puedes creer ninguna de estas cosas y luego contemplar al hombre con el más mínimo respeto.

Fijémonos en los cuadros de nuestros fundadores y antepasados: eran ancianos muy dignos, pero no podrás mirarlos con respeto si has perdido el sentido de la majestad humana, porque Dios les creó. Deberías ver debajo de sus patillas las branquias de la salamandra. Entonces te darías cuenta de que no son hombres dignos, creados a la imagen de Dios, sino seres que se han arrastrado hasta ese punto alejándose del pantano.

Esto es lo que este sistema mundial quiere que creamos, arrebatando todo sentido de la majestad. Seguro que tú no podrías respetar algo que salió reptando del fango.

Se ha perdido el sentido de la majestad, y junto con ese sentido ha desaparecido de la humanidad un sentido de dignidad. Esto ha influido tanto en nuestra sociedad que posiblemente ya sea irrecuperable.

Incluso los cristianos padecen un sentido desmoralizado de la majestad. Da lo mismo si algo es cierto o no, mientras sea divertido. Nos da lo mismo si es verdad o no, siempre que se exprese de una forma que nos entretenga.

Pero yo creo que la Majestad sigue en los cielos. Esta Majestad sigue sentada en el trono delante del cual ángeles, arcángeles, serafines y querubines siguen clamando: "¡Santo, santo, santo, Dios de los ejércitos!". Cuando Jesús, que era Dios, purgó Él solo nuestros pecados, volvió y se sentó donde había estado durante los siglos de los siglos, a la diestra de la Majestad en los cielos. Después de haberse sentado a esa diestra, el Hijo eterno se volvió al hombre.

Reclamando nuestro sentido de la majestad en lo alto

El liderazgo cristiano moderno ha hecho mucho para opacar los elementos majestuosos del cristianismo. Todo debe tener cierto tipo de explicación racional, lógica. Admito sin problemas que roza lo imposible describir con cierto grado de idoneidad la presencia consciente, manifiesta de Dios. Cualquier intento inútil por mi parte se vendrá abajo reducido a una decepción frustrante.

Lo máximo a lo que puedo aspirar es expresar mi experiencia personal respaldada por la exhortación escritural. Mi misión consiste solo en abrir el apetito y confiar que el Espíritu Santo hará el resto.

A muchas personas les gusta que su religión sea una bonita fórmula, algo que hacen sin mucho esfuerzo ni reflexión. En nuestros días todo el mundo tiene algún atajo para acceder a las bendiciones de la presencia de Dios: "Cinco pasos fáciles a la felicidad" o "Diez pasos sencillos para obtener de Dios todo lo que quiera". Sin embargo, no existe una fórmula cómoda y eficaz. Más bien debemos abrir nuestro apetito espiritual por aquello que realmente anhelamos: la presencia de Dios. Sé bien que si podemos explicarla, entonces no hay duda de que no es la presencia majestuosa de Dios.

Lamentablemente, la mayoría de personas lee estas páginas con cierta curiosidad, y pronto se aburren y se van en pos de la emoción de algo nuevo. Al sentirse fascinados por alguna chuchería externa, pronto pierden interés en buscar la presencia de Dios. Para esas personas siempre llega alguien afirmando poseer alguna novedad religiosa con la que jugar. El cristiano pobre, desnutrido, inmaduro, pasa de una novedad religiosa a otra, acabando con un vacío interior que no logra entender.

Este libro es un pequeño intento de avivar la llama del deseo santo por Dios. Espero que te embargue esa pasión y sigas avanzando en la presencia consciente y manifiesta de Dios. Thomas à Kempis entendió esto y escribió: "Si quieres tener una vida interior debes aprender a disfrutar de la intimidad con Dios, sin que la obstaculice ninguna interrupción del mundo exterior". Amplía este pensamiento en su obra *La imitación de Cristo*: "Para que un hombre haga progresos espirituales, debe negarse a sí mismo; un hombre que ha hecho esta renuncia disfruta de gran libertad y seguridad".[1]

1. Thomas à Kempis, *La imitación de Cristo*, traducción de J. M. Lelen (Nueva York: Catholic Book Pub. Co., 1985).

Lamentablemente, el mundo nos influye demasiado y ha conseguido atrincherarse en nuestra alma interior, impidiéndole buscar la presencia divina. La buena noticia es que el corazón del hombre realmente anhela la presencia de Dios, y que todas las grandes barreras que impiden acercarse a Él ya han sido derribadas en Jesucristo.

Dios por doquier está

Oliver Holden (1765-1844)

Si buscas el trono de gracia
en todo lugar lo hallarás;
si oración alzas al cielo,
Dios por doquier está.

En salud o en el quebranto,
con riqueza o con penuria,
si al Señor vienes orando,
Dios por doquier está.

Cuando la vida se enturbia
y acósanos la tristeza,
eleva oración, no hay duda:
Dios por doquier está.

Oh, alma mía, en tu dolor
acude a tu Padre y espera;
responderá a tu oración:
Dios por doquier está.

2

Obstáculos en el camino a la presencia de Dios

Por tanto, es necesario que con más diligencia atendamos a las cosas que hemos oído, no sea que nos deslicemos. Porque si la palabra dicha por medio de los ángeles fue firme, y toda transgresión y desobediencia recibió justa retribución, ¿cómo escaparemos nosotros, si descuidamos una salvación tan grande? La cual, habiendo sido anunciada primeramente por el Señor, nos fue confirmada por los que oyeron, testificando Dios juntamente con ellos, con señales y prodigios y diversos milagros y repartimientos del Espíritu Santo según su voluntad.

Hebreos 2:1-4

Ya hemos dejado claro que en lo profundo del alma humana existe el deseo latente de entrar en la presencia de Dios. Pero este deseo que Dios ha puesto en ella no basta para superar los obstáculos que bloquean el camino. Aunque esos obstáculos son numerosos, la principal obstrucción en el camino a la presencia de Dios es la naturaleza no redimida del ser humano.

Adorar a Dios desde la profundidad del alma humana supone descubrir la adoración en su forma más pura, sin que la afecte el mundo que la rodea; y es más profunda que cualquier mera emoción humana. Para el incrédulo, adorar a Dios es un imposible. La naturaleza pecaminosa se ve repelida por la pureza de la naturaleza divina, y busca otros consuelos. Estas dos naturalezas son incompatibles, y esto es el resultado práctico de la alienación de Dios.

Incluso el creyente experimenta obstáculos que dificultan su búsqueda de Dios. El mayor reto al que se enfrenta todo cristiano es superar esos obstáculos en el camino que lleva a la presencia divina. Sin embargo, el enemigo del alma humana está decidido a hacer que ese camino sea todo lo imposible de recorrer que pueda. En su mayor parte, ha hecho un gran trabajo a la hora de desanimar a los peregrinos en su búsqueda de la presencia de Dios.

Juan, el discípulo amado, entendía esto y nos anima con las siguientes palabras: "Hijitos, vosotros sois de Dios, y los habéis vencido; porque mayor es el que está en vosotros, que el que está en el mundo" (1 Jn. 4:4). Sin duda, la oposición está ahí y es real, pero su naturaleza no es tal que nos aleje de la presencia de Dios. Podemos superar las argucias del enemigo y cualquier cosa que se interponga en nuestro camino.

Lo más importante que podemos hacer en esta vida es prestar atención a las cosas de Dios para salvar nuestra alma. Debe ser un esfuerzo activo, persistente y deliberado por nuestra parte, independientemente de las dificultades que hallemos en el camino.

Demasiadas personas han hecho que acudir a la presencia de Dios sea no solo complicado, sino prácticamente imposible, haciendo que muchos ni lo intenten. No es un viaje para los perezosos o para los adictos al entretenimiento y los placeres bastos de la carne.

El hecho de que haya obstáculos subraya el valor que tiene venir a la presencia de Dios. Si experimentásemos su presencia sin obstrucciones, esta perdería su encanto. Alguien ha dicho con razón que lo que no tiene precio no tiene valor. Cuando pensamos en entrar a la presencia de Dios, ¿qué podría ser más valioso? Sin duda, la importancia de acudir a la presencia divina hace que valga la pena superar todos los obstáculos en el camino.

¿No crees que algo tan atractivo sería lo primero en la lista de los deseos de cualquier ser humano inquisitivo? Sin embargo, por el camino hay tropezaderos cuya naturaleza es tal que impide el paso a todos menos a aquellos que sienten un deseo apasionado por la presencia de Dios, un deseo más fuerte que la atracción de cualquier otra cosa en esta vida.

Penetrar en la presencia santa de Dios es la recompensa que tiene librar la buena batalla y superar todos los obstáculos en la ruta. Este deseo dominante de la presencia de Dios ayuda sobremanera a abordar los principales obstáculos que pueda encontrar un buscador. Cuando el objetivo está claramente a la vista, los obstáculos se vuelven nimiedades. Echemos un vistazo a los principales obstáculos que pueden evitar que busquemos a Dios y veamos cómo podemos sortearlos.

Los errores humanos

Quizá el mayor obstáculo que nos impide entrar en la presencia de Dios sean los errores que se han propagado con el paso del tiempo. Las personas no han salido para expresarlos en palabras, pero los creen. Y, tal como pensamos, así somos.

Error: Todas las religiones llevan a Dios

Un error humano es pensar que todas las religiones son buenas, aunque en diversos grados. Por consiguiente, ¿por qué deberíamos prestar una atención más intensa al mensaje del cristianismo? Bueno, Dios ha hablado por medio de su Hijo y ha dicho: "A Él oíd". Y Moisés dijo a los hijos de Israel: "Profeta os levantará el Señor vuestro Dios de entre vuestros hermanos, como a mí; a él oiréis" (Hch. 7:37). Jesucristo no es un maestro más: es el

Maestro definitivo y la última Palabra de Dios para los hombres. Lo que Él ha dicho cierra todos los otros argumentos.

Error: El hombre no tiene responsabilidad espiritual

Otro error humano es la creencia de que no hay nada de qué preocuparse, porque en Cristo reside la autoridad suprema de Dios. Por lo tanto, todo está solucionado y ya no tenemos que preocuparnos.

Cristo sí ostenta la autoridad suprema de Dios; pero ignorar esa autoridad es una grave ofensa. Algunos dirán: "Dios tomará la iniciativa; yo no tengo que hacer nada. Creo que Dios será siempre el que dé el primer paso". Por cierto, yo también creo esto; pero recordemos que Dios ya tomó la iniciativa cuando envió al mundo a su Hijo santo, Jesucristo, y cuando envió el Espíritu Santo a tomar las cosas de Cristo y mostrárnoslas. Por lo tanto, Dios ya ha tomado la iniciativa. Si Dios no puede perturbarnos, no puede conmovernos. Si no puede conmovernos, no puede salvarnos. Si no puede hacer que nos preocupemos por las cosas de Dios, no puede hacer nada en absoluto por nosotros.

Error: El mensaje tiene que ser agradable

John y Charles Wesley fueron hombres muy preocupados por la gravedad de los temas espirituales. Cantamos los himnos de Wesley que hablan de que debemos preocuparnos de tales cosas y conmovernos, pero los cantamos sin creerlos. Deberíamos cantar esos himnos con sinceridad y prestarles la atención más indivisa posible, lo cual implica una atención cuidadosa. Deberíamos leer, y escuchar, buscar, examinar y reexaminar. Y deberíamos hacerlo con sinceridad. Deberíamos dejar a un lado la superficialidad, la frivolidad y la diversión.

La maldición sobre todas las cosas hoy día es que tienen que ser divertidas. Si no es divertido no es popular. Pero no tiene nada de divertido que Dios vea cómo su raza se pierde en las tinieblas de la noche. No fue nada divertido que enviase a su Hijo santo para que naciera de una virgen. No hubo nada divertido en su persecución y crucifixión. No fue divertida la venida del Espíritu Santo, ni tampoco es divertido el juicio y la resurrección de los muertos impíos. La superficialidad, la frivolidad y la diversión no tienen razón de ser cuando consideramos las cosas de Dios. Deberíamos prestar la atención más absoluta a las cosas que hemos oído.

La gran labor de la Iglesia siempre ha sido hacer que las personas prestaran una atención seria a los asuntos espirituales. Hay muchos pastores y predicadores a quienes esto no les preocupa en absoluto, porque no esperan nada y, por consiguiente, no lo obtienen. Pero un hombre de Dios, que soporte la carga del Espíritu Santo, querrá motivar a sus oyentes para que presten gran atención. Hasta que se haya prestado una atención cuidadosa a las afirmaciones de Cristo, para nosotros es como si la Biblia no se hubiera escrito.

Tener un medicamento en una estantería y no tomarlo no cura a nadie. Los alimentos metidos en la nevera que nunca se consumen no nutren a nadie. Una estufa que no se enciende no calienta a nadie. Y la propia Biblia, aunque es nutrición, es luz, es calor, aunque es medicina para el alma, nunca ayudará a nadie si no se le presta la atención necesaria. Y cuando no le prestamos la atención debida, es como si Cristo no hubiera venido al mundo a morir por la humanidad. Si no apreciamos lo que significaron su venida y su muerte, podría haberse ahorrado la visita a este mundo.

La maldición de nuestra cultura contemporánea

Todo cristiano se enfrenta a alguna traba cuando busca la presencia de Dios. El cristianismo contemporáneo está tan atrapado por el mundo que escudriñar las cosas profundas de Dios se ha vuelto bastante difícil. Nuestra época contemporánea interfiere en el camino de quien quiere tomarse en serio su vida espiritual. ¡Nos arrojan tantas cosas que hace falta un alma muy resistente para hacer frente a semejante ataque!

Quizá la situación más peligrosa a la que se enfrentan hoy día los cristianos es lo que yo llamo *la cauterización de la conciencia.* Es decir, hacer que una persona se vuelva insensible o endurecida frente al mundo que le rodea. En la práctica, sus sentimientos sobre la moral se adormecen. Dicho en pocas palabras, esta *insensibilidad moral* es una ausencia de sentimiento. La persona no siente nada por el tema moral. La curiosa paradoja es que una persona puede verse atribulada por su incapacidad de sentir, pero al mismo tiempo no sentir nada. Incluso entre aquellos que se consideran cristianos son pocos los que se enojan por la inmoralidad de nuestros tiempos.

La fuente de esta condición peligrosa es esa especie de anestesia producida por el acto de pecar. Cuando una persona peca, hasta cierto punto anestesia su conciencia. A esto lo llamo *la cauterización de la conciencia.* Si cauterizas un miembro, al principio te dolerá, pero cuando se cure ya no tendrás sensibilidad en esa zona. En el punto donde se haya practicado la cauterización se formará una costra dura, una capa gruesa de piel. El pecado hace esto. Cauteriza la conciencia, y pronto ya no nos importa pecar. Esta es la obra del agente cegador del impío al que llamamos diablo. Yo creo en el diablo, y sé que ciega las mentes de quienes no creen, para que no resplandezca para ellos la luz del glorioso evangelio de Cristo (ver 2 Co. 4:4).

Luego tenemos *el letargo espiritual*, un adormecimiento interno y antinatural respecto a las demandas que hace Dios. Sin embargo, alguien habla de los peligros de nuestros tiempos e inmediatamente queremos saber cómo llegar a un refugio donde protegernos. Escuchamos un programa sobre el cáncer y nos analizamos para averiguar si ese dolor que sentimos el otro día podría ser un cáncer. Siempre nos preocupan las cosas superficiales, pero pocas veces las espirituales.

Thomas à Kempis observó acertadamente: "Prestamos toda nuestra atención a cosas que nos benefician poco o nada; no nos preocupamos por las cosas que tienen una importancia vital, sino que las ignoramos. Sí, todo lo que es el hombre le induce a ocuparse de las cosas externas, y si no recupera pronto sus sentidos, estará muy satisfecho de solazarse en los intereses y los placeres materiales".[1]

La insensibilidad moral y *el letargo espiritual* son dos grandes maldiciones, porque nos impiden tomarnos en serio nuestra salud espiritual. A menos que nos tomemos en serio nuestro enfoque de Dios, tropezamos a cada paso del camino. Estas dos cosas solo pueden corregirse mediante una conversión firme a Jesucristo.

Dando las sobras a Dios

Luego nos encontramos con la preocupación por ganarnos la vida. Jesús la llamó "el afán de este siglo" (Mt. 13:22). Si todo el mundo dedicara tanto tiempo de calidad y prestara tanta atención a buscar a Dios como lo dedican a ganarse la vida, serían cristianos mucho mejores, y pronto los demás se preguntarían qué había pasado en sus vidas. Si las mujeres prestaran tanta atención a las afirmaciones de Cristo y a las necesidades de su propia alma como la que conceden a su hogar, su cocina y su familia, al final de la semana habrían hecho tanto progreso espiritual que les avergonzaría la manera en que vivieron antes.

El hecho simple es que Dios se lleva las sobras, nunca el plato principal. Dios nunca recibe nada nuevo. Recibe lo menos importante. Damos a Dios lo que no necesitamos, en vez de darle lo que necesitamos, ganando así una corona para nosotros.

---

1. Thomas à Kempis, *La imitación de Cristo*, traducción de J. M. Lelen (Nueva York: Catholic Book Pub. Co., 1985).

Si nos preocupara tanto nuestro estado espiritual como nos preocupan nuestros hogares, negocios e ingresos, avanzaríamos espiritualmente a gran velocidad. Lo hermoso del caso es que no tendríamos que descuidar nuestros hogares para ello, ni tampoco nuestros trabajos. No tienes por qué elegir entre ganarte la vida y vivir con Dios. Puedes hacer ambas cosas. Hay tiempo para las dos cosas. No tienes que elegir entre mantener limpio tu hogar, hacer la comida para tu esposo y caminar con Dios. Puedes hacerlo todo.

Un ejemplo estupendo es una mujer llamada Susana Wesley, que tuvo 19 hijos. John Wesley fue el decimoctavo. Ella mantenía su hogar impoluto y era conocida como una de las mujeres de fe más destacadas de su época. Decidió que podía cuidar de su familia y aun así hacer progresos espirituales. Sus tareas domésticas no la distraían en absoluto de sus avances espirituales.

Lo mismo sucede con los estudiantes. Si buscaran el rostro de Dios con tantas ganas como buscan sus libros, pronto crecerían en la gracia como la hierba a la orilla de un arroyo.

La búsqueda constante del placer

Otro impedimento es la búsqueda constante del placer. Tenemos los placeres físicos: comodidades, diversos vicios, la comida y demás. Y existen los placeres mentales, como los sociales, las apuestas, las diversiones y la literatura de ficción. Hay placeres estéticos: el arte, la música, la enseñanza superior y la cultura sofisticada. Todas estas cosas, cuando se combinan, no hacen más que producir sensaciones agradables, como la que obtiene un bebé cuando se chupa el dedo. La raza humana ha crecido buscando el placer, de modo que somos una raza de adultos que se chupan el dedo. Dedicamos nuestro tiempo a obtener una sensación placentera, cuando deberíamos dedicarlo al progreso de nuestras almas.

Pedro dice: "Sed salvos de esta perversa generación" (Hch.

2:40). Puede que nosotros no vayamos en serio, pero Dios sí lo hace. Dios Padre fue en serio cuando planeó y finalmente completó la obra de la redención. Dios Hijo iba en serio cuando sudó grandes gotas de sangre en el huerto de Getsemaní. Y Dios Espíritu Santo va siempre en serio cuando viene a habitar en la naturaleza humana. Deberíamos prestar nuestra máxima atención para no alejarnos de tales cosas, no sea que las dejemos escapar. En los márgenes de algunas Biblias dice: "no sea que dejemos que se pierdan" y "se vacíen como una vasija que gotea". Otras versiones dicen: "y nos apartemos". Muchísimas personas tienen corazones y espíritus que gotean.

Permitiendo que la verdad escape de nuestro corazón

Descuidamos "una salvación tan grande" si nos alejamos de ella. ¿Y cómo la descuidamos? Recibimos la verdad en nuestro corazón, pero dejamos que se pierda. Una verdad trágica es que algunos corazones tienen goteras, y sus buenas intenciones siempre se pierden gota a gota.

La gente está sobria hasta Año Nuevo, y justo la víspera de ese día pierde la sobriedad y empieza a hacer promesas. "Este año seré más amable con mi esposa". "Prometo ir regularmente a la iglesia". "Oraré todos los días". "Prometo que no pasará un día en que no lea las Sagradas Escrituras". "Prometo que trataré de conocer mejor a Dios". "Prometo...".

Pero el corazón es una vasija que gotea, y antes del 1 de febrero las resoluciones de la persona normal se han evaporado. Son esas buenas intenciones, ese vino fuerte del deseo espiritual que nace cuando escuchas predicar a un hombre cuyas palabras te llegaron especialmente; de repente sientes el deseo poderoso de Dios. Y anhelas el vino generoso del deseo espiritual, pero tu corazón es como un colador, y muy pronto todo se pierde. Pronto ya no te queda nada de ese deseo.

La diferencia entre las cosas espirituales y las terrenales es que las del espíritu son muy modestas; las cosas del espíritu no te exigen mucho; no te tararean anuncios de televisión; no llaman a tu puerta incitándote a comprar algo; simplemente esperan a que les concedas tu atención.

Jesús no levantó la voz ni se hizo oír por las calles. No fue gritando por el mundo; fue apacible y silencioso. Las personas acudían a Él para conocer la verdad. Pero las cosas de la carne son insistentes, ruidosas. Antes de levantarse por la mañana ya exigen a voces tu atención, intentando que te intereses por comprar lo que venden o que hagas lo que ellas han decidido que deberías hacer. Todo el mundo te canta, te incita, te presiona, mediante el ejemplo, el precepto, la enseñanza, la publicidad y la urgencia; todo el mundo intenta que vayas a determinados sitios y hagas determinadas cosas.

Nuestro Señor nunca es impertinente, pero las cosas de este mundo sí lo son. Esta es la idea que intento dejar clara: si quieres prestar atención a las cosas de Dios y salvar tu alma, deberás tener una buena intención, una buena resolución y luego asegurarte de cumplirla. No permitas que el diablo te lo impida. Tendrás que ser fuerte y decir: "Muy bien, no sé lo que van a hacer otros, pero por lo que a mí respecta buscaré el rostro de Dios. La semana que viene procuraré ser un hombre mejor de lo que lo fui la semana anterior, y el mes que viene seré mejor que el mes anterior".

Cuando Dios nos dio la ley iba en serio. Cuando Cristo murió en la cruz y resucitó al tercer día iba en serio. Cuando el Espíritu Santo habla suavemente a tu corazón, va en serio. Si no prestamos atención a la verdad, ¿no seremos juzgados con más severidad que aquellos que no escucharon la ley? "Porque si la palabra dicha por medio de los ángeles fue firme, y toda transgresión y desobediencia recibió justa retribución, ¿cómo escaparemos nosotros, si descuidamos una salvación tan grande? La cual, habiendo sido anunciada primeramente por el Señor, nos fue confirmada por los que oyeron, testificando Dios juntamente con ellos, con señales y prodigios y diversos milagros y repartimientos del Espíritu Santo según su voluntad" (He. 2:2-4).

Algunos confiesan: "Pensaba hacerlo... más tarde". Sin embargo, más adelante ya no hubo tiempo.

"No lo entendí", dicen. Pero en aquel momento entendieron lo suficiente.

"Estaba demasiado ocupado". Pero al menos encontraron tiempo para morir.

Alguien más dice: "Es que en mi grupo nadie prestaba atención a estas cosas", pero siempre es así. La voz salvadora de Dios habla a una multitud de personas, pero solo algunas, aquí y allí, la escuchan. Cuando la voz de Dios habló al mundo antediluviano, solo Noé y su familia le escucharon. Los demás perecieron en el Diluvio.

Otro dice: "Si presto atención a esto, perderé mi empleo". Las probabilidades indican que no será así, pero si lo pierde, ganar el alma por perder un empleo es una auténtica ganga. Hay otro que dice: "Es que aún quiero divertirme. Luego ya me haré cristiano". No voy a contestar a esto. Es demasiado absurdo, carece demasiado de importancia como para que merezca una respuesta seria. Otro dice: "Me daba miedo lo que pensaran los demás". ¿Tener miedo de lo que pensaran *los demás*? ¿Y qué pasa con lo que dice Dios?

La sociedad participa en una conspiración intrincada para que todos seamos iguales. La sociedad conspira para que todos seamos malos; no demasiado malos, porque si lo somos nos convertimos en un problema para la policía. Pero tampoco demasiado buenos, porque entonces, según ellos dicen, somos fanáticos. Así que la sociedad quiere que encontremos el equilibrio, todos iguales, que vayamos a la iglesia, respaldemos los clubes de chicos y chicas y los hospitales. Sin duda estas cosas están bien. La sociedad general quiere que seamos lo bastante buenos para que no seamos un problema para la policía, pero no lo bastante como para que les remuerda la conciencia.

Yo escucho la voz de Dios que nos llama a un estilo de vida superior. El libro de Hebreos es una carta urgente, vibrante, viva, que habla a quienes están en la frontera y les dice: "¡Adelante! Pueden hacerlo. Den el paso". Y habla a quienes no acababan de decidir si querían obedecer o no y creer a Dios, y les dice: "Atrévanse a obedecer, atrévanse a creer".

Sean cuales fueren las causas que nos inducen a superar todas las barreras, reciben una gran recompensa cuando entramos en la luz gloriosa de la presencia bendita de Dios.

Divino amor

Charles Wesley (1707-1788)

¡Divino amor, pasión sin par!
¡Dios encarnado muere allí!
En una cruz le vi cargar
mis culpas todas sobre sí:
¡Murió por mí, mi Salvador
crucificado, Dios de amor!

Él por nosotros fue a la cruz,
para volvernos hoy a Dios;
su vida entera dio Jesús,
oigamos, pues, su santa voz:
¡Perdón ofrece el Salvador
crucificado, Dios de amor!

Miradle todos, meditad,
si hubo dolor más grande y cruel:

el Santo Príncipe de Paz,
por ti y por mí bebió la hiel.
¡Ven, pues, recibe al Salvador
crucificado, Dios de amor!

Trad. Federico J. Pagura

3

La atracción del ser humano hacia la presencia de Dios

Pero vemos a aquel que fue hecho un poco menor que los ángeles, a Jesús, coronado de gloria y de honra, a causa del padecimiento de la muerte, para que por la gracia de Dios gustase la muerte por todos. Porque convenía a aquel por cuya causa son todas las cosas, y por quien todas las cosas subsisten, que habiendo de llevar muchos hijos a la gloria, perfeccionase por aflicciones al autor de la salvación de ellos.

Hebreos 2:9-10

De toda la creación de Dios, el hombre es la única criatura que posee aspiraciones espirituales que le llevan a la oración y a la adoración. Siempre que encuentres a un ser humano, verás que participa de algún tipo de adoración. No nos equivoquemos: en la criatura hay algo que se eleva como respuesta a algo dentro del Creador. Ese "algo" es el gran misterio del corazón humano, creado a imagen de Dios.

Si una cultura no conoce al verdadero Jesucristo, inventará a su propio dios y le adorará. La historia del mundo está llena de religiones que conquistaron países. Sería imposible encontrar una sola cultura, una generación, en algún lugar del mundo, que no poseyera cierto tipo de tendencias y rituales religiosos. ¿De dónde proceden? ¿Por qué el hombre siempre mira al cielo, o al menos más allá de sí mismo, hacia algo mayor y más magnífico que su persona?

Estas inquietudes espirituales del corazón natural caen en oídos sordos y no reciben respuesta por un motivo sencillo. Desde un punto de vista meramente intelectual y racional, son incomprensibles. El hombre se siente atraído hacia algo, pero no sabe qué es ni cómo definirlo. Es algo que está por encima y más allá de la racionalización humana.

A lo largo de la historia, el ser humano ha seguido muchos caminos en su búsqueda de la presencia de Dios, y sin resultado. Solo hay un camino correcto, que se revela en la Palabra de Dios. La Biblia es el único lugar donde empezamos a entender qué son esas inquietudes internas, y cómo encontrar acceso a la presencia de Dios.

La comprensión adecuada de la Biblia nos abre el único camino que lleva a la presencia de Dios.

El camino bíblico hacia la presencia de Dios

Hay dos aspectos de la Biblia que son críticos para entrar en la presencia de Dios: la *revelación* y la *inspiración*.

En los volúmenes de testimonio cristiano que nos han legado los siglos anteriores hay dos palabras que aparecen con frecuencia: una es "inspiración" y la otra "revelación". Cuando decimos "inspiración", queriendo decir que las Escrituras están inspiradas o han sido transmitidas por inspiración, lo que pretendemos afirmar es que en su estado originario, es decir, tal como se dio al principio, el Espíritu Santo fue quien inspiró la escritura de la Biblia. Lo que tenemos hoy fue escrito por orden del Espíritu Santo. Esto es lo que queremos decir con "inspiración".

Dios escribió la Biblia tal como se nos dio originariamente, y es un libro de consulta fidedigno lleno de verdades auténticas. Lo que tenemos en la Biblia es verdad, pero no todo lo que es verdad está en la Biblia. Puedes aprender todo lo que enseña la Biblia, pero no puedes aprenderlo todo en ella, por el motivo de que la Biblia no lo enseña todo. No pretende hacerlo. Debemos distinguir entre la *verdad revelada* y la *verdad*.

La verdad revelada

La Biblia tiene que ver con aquello tocante a la redención. Es un libro que se centra en nuestro rescate del pecado, nuestra rehabilitación moral y nuestra regeneración espiritual. Se centra en que caminemos por el sendero recto, quiere hacernos útiles e inducirnos a crecer en la madurez de un cristiano. Además, por último, lo que quiere es prepararnos para el viaje que lleva de esta vida temporal a la eternidad. Le interesa todo eso, pero la geometría no. No puedes acudir a la Biblia para aprender geometría, pero sí puedes descubrir en ella que "de tal manera amó Dios al mundo, que ha dado a su Hijo unigénito" (Jn. 3:16). No puedes aprender en la Biblia cómo hornear un pastel o lanzar un cohete al espacio; pero en ella puedes aprender que "el que no naciere de nuevo, no puede ver el reino de Dios" (Jn. 3:3).

La Biblia revela la verdad que necesitamos conocer para salvarnos del pecado, regenerarnos, rehabilitarnos moral y espiritualmente y prepararnos para el día del Señor. Todo está en la Palabra, y eso es lo que queremos decir al afirmar que la Biblia es el único punto de referencia para nuestra fe y nuestra práctica. La Biblia es el único libro de texto, definitivo y auténtico, que contiene información sobre aquellas cosas que tienen que ver con nuestra salvación.

Las Escrituras nos dicen que Dios creó los cielos y la tierra. Además, nos dicen muchas otras cosas que no parecen tener directamente nada que ver con nuestra salvación, pero que a pesar de todo inciden en ella. La revelación es el desvelamiento de verdades que antes no se conocían y que no se pueden descubrir de otro modo.

La verdad que se puede descubrir

Hay cosas que puedes descubrir por tu cuenta. Por ejemplo, alguien descubrió el átomo. El filósofo romano Tito Lucrecio Caro (c. 99 a. C. - c. 55 a. C.) escribió un libro antes de la época de Cristo, *Sobre la naturaleza de las cosas*, en el cual daba explicaciones sobre los átomos. Pensaba que los átomos eran diminutos fragmentos de materia dura que componían todas las cosas, de la misma manera que un edificio de cemento está formado por pequeños fragmentos de materia: arena y cemento. Lo puedes desmenuzar para descubrir sus partículas diminutas. Se acercó maravillosamente a la verdad, a pesar de que no contaba con las ventajas de las técnicas y la información científica modernas.

Estas cosas se pueden descubrir. Las puedes descubrir. Existe una distinción entre la "verdad revelada" y la "verdad". Hay verdades que nunca se pueden descubrir por sí solas o mediante la iniciativa humana. Dios inspiró la escritura de la Biblia, e inspira al hombre a decir cosas; a menudo son cosas que se podrían descubrir. Por ejemplo, veamos el Salmo 8:3-8:

> Cuando veo tus cielos, obra de tus dedos, la luna y las estrellas que tú formaste, digo: ¿Qué es el hombre, para que tengas de él memoria, y el hijo del hombre, para que lo visites? Le has hecho poco menor que los ángeles, y lo coronaste de gloria y de honra. Le hiciste señorear sobre las obras de tus manos; todo lo pusiste debajo de sus pies: ovejas y bueyes, todo ello, y asimismo las bestias del campo, las aves de los cielos y los peces del mar.

Estas palabras son un comentario inspirado. El Espíritu de Dios motivó a David para que escribiera este salmo, que contiene un beneficio espiritual para nosotros. Pero no es una revelación, porque es una reacción que cualquiera podría tener, incluso si fuera ateo. Cualquiera puede mirar al cielo y decir: "Cuando contemplo todo ese espacio, ¿qué es el hombre?".

Fijémonos que el Salmo 8 es una escena nocturna, mientras que el 19 nos muestra una diurna:

> Los cielos cuentan la gloria de Dios, y el firmamento anuncia la obra de sus manos. Un día emite palabra a otro día, y una noche a otra noche declara sabiduría (Sal. 19:1-2).

Y luego, en el versículo 5 describe el sol y dice: "como esposo que sale de su tálamo, se alegra cual gigante para correr el camino" (Sal. 19:5). Visto desde la Tierra, este es precisamente el aspecto que tiene el sol: el gran y glorioso esposo del mundo que refulge en su esplendor. Ambos salmos son inspirados, pero en ellos no hay una revelación particular, porque cualquiera podría decir que "los cielos declaran la gloria de Dios, y el firmamento anuncia la obra de sus manos". Esta es una verdad que se puede descubrir.

La diferencia principal entre el ser humano y las demás criaturas

En el mundo natural todo se queda corto frente a la aspiración suprema que tiene el hombre: acercarse a Dios y entrar en su presencia. No tiene por qué gustarte, pero más vale que lo asumamos: somos tanto la gloria como la basura del universo, pero nunca hubiéramos sido la hez universal si no hubiésemos elegido el sumidero. Si el pecado no hubiera entrado en el mundo y el hombre no hubiese caído, nunca habríamos sido la escoria del universo. Hubiéramos sido su gloria. Cuando nuestro Señor concluya con su obra redentora, habrá vuelto a hacer que su pueblo sea la gloria del universo; será admirado en sus santos y glorificado en todos aquellos que le buscan.

El hombre es la criatura más débil que existe, pero es la única consciente de su debilidad. Ahí radica su gloria: en su debilidad. Es capaz de saber lo débil que es, y ninguna otra criatura tiene el mismo conocimiento.

Supongo que si le preguntásemos a un mosquito "¿Eres débil?", no diría: "Sí". No sabe que es débil; no podría contestarnos. Ni siquiera sabría qué le habríamos preguntado. Supongo que si los mosquitos hablaran, nos llamarían "el animal que da manotazos", porque es lo único que saben de nosotros.

El hombre es el desconocido, el digno de compasión, el maravilloso, el débil, el misterioso... y sin embargo es la única criatura que sabe que es todo eso. El hombre es la única criatura que peca, y aun así es la única que puede saber que peca. El ser humano es la única criatura que sabe lo necio e incoherente que es, y que se ríe de sí mismo. Es la única criatura que aspira a más, porque no hay ningún otro ser insatisfecho consigo mismo. El hombre es el único que no está contento con lo que es.

En el poema de John Keats "Oda a un ruiseñor", el poeta introduce esta idea además de otras maravillosas: Tú estabas aquí. Tú estabas aquí en la antigüedad, cuando los griegos te oyeron cantar entre las islas de Grecia. Sí, el ruiseñor estuvo allí, pero el ruiseñor existió antes de que se fundara Grecia, antes de que se formase Egipto. ¿Cómo es que el ruiseñor ha seguido siendo lo que es desde el momento en que Dios lo creó y dijo "que las aves habiten los cielos"? Porque el ruiseñor, aunque es un hermoso cantor, no aspira a más. Pero el hombre que solía salir de su cueva y escuchar al ruiseñor ahora va vestido con un traje de Hart, Schaffner & Marx, y mira la televisión. ¿Por qué? Pues porque tenía aspiraciones. Ha progresado. Solo el hombre aspira. Todas las otras criaturas son exactamente lo que fueron siempre; la única criatura que progresa es aquella que el ser humano toma y cruza con otra especie.

Las reses Guernsey, Jersey, Holstein y Hereford, que vemos apiñadas en grupos reducidos bajo los árboles los días que hace calor, son razas híbridas. Es decir, que las han cruzado entre sí para que sean lo que son. El hombre tomó una pequeña vaquilla con el espinazo torcido y la cruzó con otra res para mejorarla. Entonces tomó a sus descendientes y los cruzó para obtener otra raza mejor, y así hasta llegar a estas reses tan hermosas. Si un hombre se hace con algo, lo convertirá en algo mejor, porque el ser humano es el único con aspiraciones. No hay nada más que aspire a progresar. La humilde vaca no aspira a ser nada más de lo que es.

¿Qué nos indica esto? Señala que Dios hizo al hombre a su propia imagen. El hombre lleva la imagen y la semejanza de Dios, y esto no se puede decir de nada más.

Por consiguiente, el hombre aspira y es la única criatura que ora y adora. Dios hizo al ser humano para adorar, y es la única criatura que Dios hizo con este fin, al menos la única en este mundo. El león ruge tras su presa, y el pájaro fabrica su nido entre los matorrales. El viento de tormenta cumple la voluntad de Dios, y Él envía el granizo y la nieve semejante a la lana. La nieve no ora, ni el ave tampoco; el león tampoco ora, ni el viento tormentoso. Podemos leer una oración en su sonido, pero no existe hasta que la imaginamos. Nosotros, que oramos, podemos leer oraciones en la naturaleza, y decimos que musita sus oraciones al cielo, pero eso no es más que nuestra imaginación. El viento sopla, nada más; somos tú y yo quienes susurramos. Leemos en la naturaleza esos pensamientos.

Decimos que el pajarillo mete su pico en el río y luego levanta la cabeza para agradecerle el agua a Dios, pero el pájaro no hace más que levantar la cabeza para poder tragar el agua.

Eso es todo, un simple acto mecánico. Ningún pájaro ora. Creo que es espantoso poner a un perro junto a una cama y decir que ora, como hace alguna gente. Si Dios hiciera a un perro para que orase, este oraría sin que lo pusieras al lado de tu lecho, así que si lo has hecho antes, deja de hacerlo. Ningún perro ha orado jamás; ningún ave ora. El ser humano es el único que ora.

"¿Qué es el hombre, para que te acuerdes de él?"

En la vastedad del universo, el ser humano es realmente pequeño. Pero visto como una criatura espiritual en el seno de Dios, es más grande que todos los vientos que soplan, todos los montes que se yerguen, todos los mares que fluyen y todos los ríos que desembocan en el mar. Es mayor porque Dios le hizo a su misma imagen. Por eso el Hijo vino a nosotros.

¿Por qué quiso el Hijo eterno convertirse en el Hijo del Hombre? Era el Hijo de Dios. ¿Por qué convertirse en el Hijo del hombre? Por el motivo singular de que el hombre había pecado y se había convertido en la gloria y en la escoria del universo. Vino en forma humana para llegar hasta el mismo punto en que estábamos. Si hubiera llegado al mundo como un niño de diez años, nueve años no tendrían explicación. Si hubiera venido como un niño de cinco, los años sin explicación hubieran sido cuatro. Si hubiera llegado teniendo un año, los meses anteriores serían desconocidos. Si hubiera nacido mediante un milagro, sin gestación previa, quedarían por explicar los nueve meses anteriores. Las Escrituras dicen: "el Santo Ser que nacerá, será llamado Hijo de Dios" (Lc. 1:35). Jesús se remontó no solo hasta el inicio embrionario de la vida humana, sino al germen originario, para saber todo lo que sabe el hombre y desarrollarse de la misma manera que cualquier otro, llegando hasta la madurez plena.

Jesús vino hasta donde estábamos. Si hubiera nacido en un

palacio es posible que hubiera habido personas, nacidas en chozas de adobe y de paja, a las que no habría comprendido; pero nació en un establo para conocer a los más pobres entre nosotros.

Las verdades reveladas nos permiten vivir por fe

La verdad revelada conduce a la restauración de la soberanía de Dios en los redimidos. Ahora Cristo es la cabeza corpórea de la raza humana, y bajo su mandato la raza humana recuperará la soberanía. Cristo descendió para gustar la muerte por todos los hombres y mujeres. Esa palabra, "gustar", no significa probar, como lo haría un niño con un alimento para luego rechazarlo. Significa "experimentar". Jesús experimentó la muerte por todo ser humano. "Pero todavía no vemos que todas las cosas le sean sujetas" (He. 2:8), solamente lo que ya ha pasado. Vemos que nació; vemos que se hizo adulto; vemos que murió; vemos que resucitó de entre los muertos. Vemos que salva a su Iglesia y que hay una iglesia dentro de la Iglesia; hay personas redimidas, regeneradas, lavadas por la sangre, perdonadas; personas que forman la verdadera Iglesia. Esta es la Iglesia dentro de la falsa iglesia, la Iglesia que Dios reconoce y aprueba dentro de la amplia cristiandad, que Dios rechaza.

Aún no vemos todas las cosas puestas debajo de sus pies, pero sí vemos lo que se ha hecho. Por fe, vemos todas las cosas sometidas a Él. La fe es una especie de vista, porque la fe ve lo que aún no ha pasado. Y si tenemos una fe real, actuamos como si viéramos lo que creemos. Y si afirmamos que creemos pero no tenemos fe, actuamos como si creyéramos, pero no creemos en absoluto. Decimos que creemos en la revelación, que creemos en la inspiración, que creemos que el hombre ha sido hecho a imagen de Dios. Creemos que Dios fue hecho a imagen del hombre mediante la encarnación del Hijo santo. Decimos que creemos que gustó la muerte por todos los hombres, de manera que dejemos de ser la vergüenza del universo y volvamos a convertirnos en su gloria. Y si realmente creemos esto, empezamos a actuar como si lo creyésemos, y esto cambia nuestra percepción interior.

Recuerda: tú no crees de verdad en algo hasta que actúas en consonancia con ello. Cuando alineas tu vida con tu fe, eres creyente. Pero cuando tu vida no encaja con tu fe, no eres un verdadero creyente. Creemos que Cristo gustó la muerte por todos los hombres, y que pronto triunfará sobre todas las cosas y Dios someterá todas las cosas bajo sus pies. Yo creo esto, y creo que habrá un nuevo cielo y una nueva tierra en los que habitará la justicia.

No vemos todas las cosas sometidas a Dios, pero vemos a Jesús. Dios ha sometido todas las cosas bajo sus pies. Por cuanto puso todo en sometimiento a Él, no dejó nada que no esté sujeto a Él. Aún no vemos que sea así, pero tenemos fe y vemos a Jesús, quien durante un poco de tiempo fue hecho menor que los ángeles para poder gustar la muerte. Le vemos coronado con gloria y honra a la diestra de Dios, el Padre todopoderoso. Y cuando regrese pondrá todas las cosas bajo sus pies.

Por lo que a mí respecta, con la ayuda de Dios quiero vivir para ese momento. Quiero que mi dinero viva para ese momento. Quiero que mis talentos, sean cuales fueren, vivan para ese momento. Quiero entregar mi tiempo para aquella hora en que Él volverá. No quiero dividir mi vida y vivir para el mundo mientras se acerca ese instante. Creo con todo mi corazón que Dios ha puesto todas las cosas bajo sus pies, y que uno de estos días Él volverá para recuperar su poder y su reino. Que Dios permita que tú y yo estemos listos.

Las máximas aspiraciones de la humanidad se cumplen por medio de la verdad revelada en la Palabra de Dios. Esta verdad, cuando la obedecemos, preparará el corazón para entrar en la presencia de Dios en adoración y comunión.

Venid, las almas cansadas

Isaac Watts (1674-1748)

Venid, las almas cansadas,
venid, tristes pecadores;
y yo os daré el reposo
en celestiales mansiones.

Reposo hallarán en mis brazos,
en mí, tan manso y humilde;
mas la pasión es mar turbio,
y el orgullo es torbellino.

Bendito aquel que en sus hombros
mi yugo alegre descansa:
hallará leve su peso
y suficiente mi gracia.

Jesús, a tu voz venimos;
con fe, anhelo y esperanza,
que tu mano nuestra alma
guíe, conforme a tu gracia.

4

Nuestra guía personal a la presencia de Dios

Así tampoco Cristo se glorificó a sí mismo haciéndose sumo sacerdote, sino el que le dijo: Tú eres mi Hijo, yo te he engendrado hoy. Como también dice en otro lugar: Tú eres sacerdote para siempre, según el orden de Melquisedec. Y Cristo, en los días de su carne, ofreciendo ruegos y súplicas con gran clamor y lágrimas al que le podía librar de la muerte, fue oído a causa de su temor reverente. Y aunque era Hijo, por lo que padeció aprendió la obediencia; y habiendo sido perfeccionado, vino a ser autor de eterna salvación para todos los que le obedecen; y fue declarado por Dios sumo sacerdote según el orden de Melquisedec.

Hebreos 5:5-10

Deleitarse en la presencia de Dios no es un proyecto "hazlo tú mismo". Su naturaleza delicada requiere un guía experimentado, alguien que nos indique cómo rodear los obstáculos y llevarnos a la luz del sol que es la maravillosa presencia de Dios.

Esto nos lleva a la idea del sacerdocio, que está ordenado por Dios y que cumple una función espiritual importante. La propia naturaleza de la presencia divina exige un guía experto y calificado. Ese guía debe ser un sacerdote calificado que pueda llevarnos osadamente a la presencia de Dios.

Una de las doctrinas principales que se expone en el libro de

Hebreos es el sumo sacerdocio del Hijo eterno. Se introduce en Hebreos 2:17, y en Hebreos 3:1 se nos dice: "considerad al apóstol y sumo sacerdote de nuestra profesión". Una vez más, se menciona en Hebreos 4:14 y en los capítulos 5, 6 y 7. El significado es el sumo sacerdocio tal como Dios lo mandó, y el cumplimiento de ese sacerdocio recae en nuestro Señor Jesucristo.

El concepto del sacerdocio

Dentro de los círculos religiosos pocas cosas se prestan más a los abusos que el sacerdocio. Toda religión cruda e indigna fundada en este mundo lleva aparejado el concepto de un sacerdocio. Los rituales sacerdotales de todas las religiones mundiales han ofendido e impactado a la humanidad, y a menudo los propios sacerdotes han sido corruptos, crueles e hipócritas.

Si quieres quedarte asombrado, lee la historia de las religiones de México practicadas por los aztecas y los toltecas. Por ejemplo, durante la dedicación de un templo se ofrecieron veinte mil sacrificios humanos. Tumbaron a esos veinte mil seres humanos sobre una losa, vivos, y les arrancaron el corazón con hachas de piedra como sacrificio al dios mudo y sordo de los toltecas y de los aztecas, allá en las épocas antiguas de México. La maldad que cometieron es inenarrable.

No tienes que remontarte tan lejos para encontrar a sacerdotes que se emborrachan habitualmente. El concepto del sacerdocio se ha visto salpicado por numerosos abusos. Algunos sacerdotes han sido orgullosos, arrogantes, y muchos intimidan y explotan a sus pobres feligreses. Sin embargo, el concepto del sacerdocio no se le ocurrió a la humanidad, sino a Dios. Se aprecia levemente en el padre orante que se responsabiliza de su familia, que les enseña mediante el ejemplo y el precepto, y que ora por ella.

En el Antiguo Testamento, Job fue un buen ejemplo de esto.

Después de que sus hijos hubieran disfrutado de una celebración nocturna, Job se presentó delante de Dios y ofreció un sacrificio. Oró rogando a Dios que les perdonara y les limpiase, porque temía que hubieran pecado. Era un sacerdote para su familia. Pero se expresa con mayor claridad en el sacerdocio levítico como se ve en Éxodo, Levítico y Números, en el Antiguo Testamento, y alcanza su máxima expresión en Jesucristo nuestro Señor.

La necesidad de un sacerdocio porque el ser humano se ha alienado de Dios

Dios ordena el concepto del sacerdocio y, por consiguiente, debe ser una necesidad. La necesidad del sacerdocio surge de la alienación del ser humano respecto a Dios. Esto forma parte integral de la verdad bíblica, del mismo modo que el hidrógeno forma parte del agua, y no se puede tener agua sin hidrógeno. Por consiguiente, no puedes tener la verdad bíblica carente de la doctrina de que el hombre se ha apartado de Dios en lo que la Biblia llama "alienación", en la gran Caída que tuvo lugar en el huerto del Edén.

Toda religión que ignore la verdad de que el hombre está caído y separado de Dios es falsa. El ser humano caído se ha apartado moralmente de Dios y se ha separado de la comunión con Él, de modo que se nos dice que está sin esperanza y sin Dios en el mundo. Siendo esta la condición del hombre, alguien tiene que reconciliar a Dios con el mundo para que la humanidad tenga comunión de nuevo con Él. Aquí subyace la idea del sacerdocio.

Si diéramos por hecho que el ser humano desea volver a Dios, no podría hacerlo porque el pecado se interpone en su camino. Se ha producido un cisma moral, una violación de las leyes divinas. El hombre es un criminal moral ante el tribunal de Dios. A menos que se satisfaga la deuda, a menos que se salve el abismo, hasta que se haya satisfecho la justicia, el hombre no puede volver a Dios aunque quiera. Esto es lo que enseña la Biblia, y cualquier cosa distinta no es doctrina bíblica. Si no creyera esto, cerraría mi Biblia y hablaría de Wordsworth o de Shakespeare.

Me he dado cuenta de que en los últimos años se ha propagado un error grave entre las personas religiosas en general. Me temo que su centro es lo que llamaré un misticismo natural sin Cristo. Esta corriente está invadiendo incluso lo que se denomina la Iglesia evangélica. Cada año, cuando llega el otoño, estos místicos de la naturaleza imaginan que un hombrecillo pinta las hojas de los árboles con un pincel, y algunos se emocionan mucho al pensarlo. En primavera, cuando las ranas empiezan sus conciertos en los estanques, los pensamientos del hombre se vuelven al amor y al tipo de cosas de las que hablan los poetas. Esto es muy peligroso, porque si es una creencia sin la cruz (sin redención, sin Cristo y sin una reconciliación adecuada), puede ser letal. Sin embargo, hay iglesias que invierten millones de dólares en edificios estupendos, pero la congregación nunca oye hablar de la reconciliación ni un año ni al siguiente.

La Iglesia actual se enfrenta al peligro de un cristianismo sin cruz. Un predicador se pone delante de la congregación y habla piadosamente del "gran Padre omnipresente", o quizá dice: "Pedimos esto en el espíritu de Jesús". No lo ha pedido en el nombre de Jesús, sino en su espíritu. Es un buen hombre, que no quiere ofender a nadie y seguramente es demasiado amable como para aceptar la cruz.

Esto no representa el foco bíblico del cristianismo. Debemos recuperar la idea de un sacerdocio. Debemos recuperar el concepto de Dios en un lado y el ser humano en el otro, y ambos alienados entre sí. Esta alienación no es culpa de Dios, sino del hombre. Debemos regresar al sacrificio y al sacerdote que puede intermediar entre Dios, que es santo, y el ser humano, que es impío, y reunirlos a ambos. Esto es el sacerdocio.

Los requisitos del sacerdote

Las Escrituras nos dicen que un sacerdote debía cumplir varios requisitos. Primero, debía ser ordenado por Dios. "Y nadie toma para sí esta honra, sino el que es llamado por Dios, como lo fue Aarón" (He. 5:4). Nadie podía salir de la nada y decir "Soy sacerdote". Dios tenía que ordenar a ese hombre, porque si no era un sacerdote falso. Todos los sacerdotes falsos de este mundo se han ordenado a sí mismos. Pero en la época del Antiguo Testamento debía haber un sacerdote ordenado por Dios.

Luego debía ser ordenado "para los hombres". Dios nombraba al sacerdote para ayudar a otros. Dios no necesita ayuda, y ningún sacerdote se la puede prestar. Es el hombre el que necesita ayuda, y la misión del sacerdote era expiar los pecados humanos. La fórmula se estableció en el libro de Levítico, capítulo 5, donde dice: "Y rociará de la sangre de la expiación sobre la pared del altar; y lo que sobrare de la sangre lo exprimirá al pie del altar; es expiación. Y del otro hará holocausto conforme al rito; así el sacerdote hará expiación por el pecado de aquel que lo cometió, y será perdonado" (Lv. 5:9-10).

Este es el concepto del sacerdocio. Era una ofrenda que el sacerdote presentaba a Dios en nombre de los humanos. El sacerdote debía representar a Dios ante los hombres y viceversa. Ante Dios, ruega por el ser humano al que representa. Instruye, exhorta. Con una simpatía y una comprensión totales, acude ante Dios a favor del hombre. Esto puede hacerlo porque él mismo es un hombre.

Pero la ruptura que se produjo en el Antiguo Testamento fue que el sacerdote, cuando acudía a la presencia de Dios para intermediar entre el Dios santo y el hombre pecador, se avergonzaba, porque no solo tenía que expiar los pecados de las personas a las que reconciliaba con Dios, sino también sus propios pecados. Ahí se producía una ruptura. Por eso Isaac Watts pudo escribir en su himno "No con sangre de animales":

La sangre de los animales
vertida sobre un altar
no da paz a los mortales
ni su mancha borrará.

Mas Cristo, santo Cordero,
nos limpia de todo pecado,
sacrificio verdadero
por su sangre consumado.

El sacerdote, mediante la sangre del sacrificio que ofrecía, no podía borrar del todo el pecado, solo en parte. Dios perdonaba el pecado y lo reservaba hasta el momento en que viniera Cristo, el gran sumo sacerdote. Cuando Cristo vino, reunió todos los requisitos de aquel que reconciliaría a Dios y a los seres humanos. Dios le nombró como tal. Ese era el primer requisito. "Tú eres mi Hijo, eres sacerdote para siempre". Deseaba la reconciliación para el mundo. Tenía compasión. Cristo reunía los requisitos como sacerdote, y se convirtió en el autor, la fuente y el dador de la salvación eterna.

Confiar y obedecer

En nuestro himnario hay una canción sencilla titulada "Confiar y obedecer", escrita por John Henry Sammis, que expresa algo muy fundamental:

Confiar y obedecer, pues no hay otro camino
para ser feliz en Jesús: confiar y obedecer.

Creo que la confianza y la obediencia son las dos alas de un ave. Un escritor anciano y sabio escribió: "A una paloma sus dos alas no le pesan". Las usa para volar. La confianza y la obediencia son las dos alas del cristiano. Confiamos y obedecemos. Obedecemos porque confiamos. Confiamos para poder obedecer. Si intentamos obedecer sin fe, no iremos a ninguna parte. Si intentamos tener fe sin obediencia, acaba en nada.

Cristo ha concedido la salvación eterna a quienes le obedecen y a quienes creen a su mensaje, porque está claro que ambas cosas son sinónimos, por no decir idénticas. Son como las dos caras de una moneda. Si parto la moneda longitudinalmente usando una sierra muy fina, luego no podré comprar nada con ella. El vendedor vería una cara de la moneda y le parecería buena, pero cuando la tuviera en la mano diría: "¿Qué ha hecho? ¿Qué está pasando aquí? ¡Esto es solo media moneda!", y me la devolvería irritado. Una cara de la moneda no sirve de nada; hay que tener ambas caras.

La confianza está en una cara de la moneda, y la obediencia en la otra. Pero la Iglesia ha tomado una sierra muy fina y las ha separado, diciendo: "No tienes que obedecer, solo creer". Todo se reduce a "creer". Pero esa moneda no se puede dividir. No se puede separar; si lo hacemos, la inutilizamos. No solo debemos confiar, y no solo debemos obedecer. Hay que confiar y obedecer. Creer a Dios y luego obedecerle. Descubrirás que la obediencia se convertirá en tu corazón en salvación eterna. Jesucristo se convertirá en tu todo en todo.

Algunos intentan encontrar su propio camino o quizá un atajo. Pero no hay atajos que lleven a la presencia de Dios. Moisés se pasó 40 años en el desierto antes de llegar a la zarza ardiente. Estoy muy seguro de que para Moisés, que había crecido en la corte del faraón, esos 40 años no fueron para nada cómodos. Sin embargo, el momento que elige Dios siempre es perfecto; por consiguiente, solo Él puede ser nuestro guía. Solo Él puede dirigirnos en este camino hacia la presencia de Dios.

El camino que lleva a la presencia divina no tiene nada que ver con la comodidad ni con los atajos. Tenemos un gran sumo sacerdote que no tomó un atajo, sino que recorrió todo el camino hasta la cruz y ahora está sentado a la derecha de Dios Padre. Recorrió toda la distancia para convertirse en nuestro mediador y sumo sacerdote.

¿Y si Cristo hubiera tomado un atajo hacia la cruz? Recuerda aquella noche, aquella noche tan oscura en Getsemaní, cuando Jesús oró: "Padre mío, si es posible, pase de mí esta copa; pero no sea como yo quiero, sino como tú" (Mt. 26:39). Jesús no optó por una vía cómoda ni buscó un atajo. Es nuestro guía porque oró diciendo "no sea como yo quiero, sino como tú". Se ganó nuestra confianza y nuestra obediencia porque no transitó por el camino de la comodidad, sino que fue por el sendero de la cruz, murió por nosotros y se convirtió en nuestro gran sumo sacerdote.

Jesucristo, el gran sumo sacerdote ordenado por Dios y para el hombre, es el único guía que nos puede llevar a la presencia de Dios. Puede que este sea el motivo de que el enemigo del alma humana se esfuerce por interponerse entre Dios y nosotros. Pero quienes han encontrado a Cristo han hallado al guía perfecto, y al seguirle han descubierto que el reposo y la paz se encuentran en la presencia de Dios.

A fin de que le conozca

Max I. Reich (1863-1945)

¡A fin de que le conozca! De mi vida esta es la meta,
seguir por siempre explorando de su Nombre las riquezas.

Que Dios en su gracia, en el cielo, me ofrezca la inteligencia
para descubrir las glorias de su rostro, su presencia.
Que así pueda conocer su poder, día tras día,
que en el terrenal camino me protege y fiel me guía.
Que descubra su presencia, tan calma y llena de paz,
que no flaquea ni cambia en medio de cruel tempestad;
que pueda habitar con Él mi espíritu noche y día,
que camine con Él por fe, aunque no lo haga por vista;
que obre según sus caminos, como Él quiera, y no yo:
que me aferre a su presencia, no al mundo a mi alrededor;
vivir toda mi existencia con un amor en mi alma
que ponga mi mente y mi alma en el cielo que me aguarda.
Hasta que al fin pueda verle, cara a cara en pleno goce,
y pueda así conocerle como Él hoy me conoce.

5

La rebelión del ser humano contra la presencia de Dios

Ahora bien, el punto principal de lo que venimos diciendo es que tenemos tal sumo sacerdote, el cual se sentó a la diestra del trono de la Majestad en los cielos.

Hebreos 8:1

Hay ciertas cosas que son fundamentales para la moralidad humana, es decir, siempre que encuentres a un ser humano verás que existe un acuerdo básico sobre ciertos aspectos que llamamos moralidad: honestidad, cortesía, sentido de la hermandad. Aunque la humanidad se desliza por una pendiente resbaladiza, sigue habiendo cosas que, desde el punto de vista humano, se consideran morales; no son necesariamente las cosas que Dios aprueba como morales, pero sí que son comunes a todos los hombres.

Quizá el acuerdo más básico que nos une sea la idea de que Dios existe y que es la majestad soberana que está en los cielos. Junto con esta creencia básica creemos que debemos volver a Dios para someternos al juicio final sobre lo que hayamos hecho estando en el cuerpo. Un antiguo himno de Charles Wesley, "Tengo un encargo que cumplir", nos recuerda esto:

Tengo un encargo que cumplir
un Dios que glorificar,

un alma inmortal que salvar,
que así al cielo pueda ir.

En Eclesiastés leemos: "El fin de todo el discurso oído es este: Teme a Dios, y guarda sus mandamientos; porque esto es el todo del hombre. Porque Dios traerá toda obra a juicio, juntamente con toda cosa encubierta, sea buena o sea mala" (Ec. 12:13-14). Existe una gran diferencia entre el hombre que está convencido de que esto es cierto y aquel que duda o que no lo cree. Porque si creemos que debemos temer a Dios, que esta es nuestra sola misión y que Dios juzgará toda obra, ya sea buena o mala, habrá una diferencia en el modo en que contemplemos la ley moral de Dios.

La Majestad en los cielos

La moralidad humana descansa sobre esta creencia: que hay una Majestad en los cielos. Yo creo también que la decencia humana es fundamental. Creo que la decencia humana depende de tener un concepto adecuado de Dios y de la naturaleza humana. En consecuencia, el ateo no puede tener una visión correcta de la naturaleza humana. Todo paradigma que excluya la posibilidad de que procedemos de Dios y que volveremos a Él tendrá un efecto pernicioso sobre la moral humana.

Por lo tanto, tenemos fe en Dios y edificamos sobre esta roca. El propio Patricio oraba cada día lo siguiente:

Me levanto hoy,
gracias a una fuerza poderosa, la invocación de la Trinidad,
por la creencia en el Dios trino,
por la confesión de la unicidad
del Creador de la creación.[1]

1. De *The Lorica (The Deer's Cry)*, la coraza de san Patricio, 433 d. C.

Creo que cuando nos levantamos por la mañana deberíamos hacerlo impulsados por una fuerza poderosa, creyendo en Dios el Padre todopoderoso, Creador de cielos y tierra.

El trono y un reino

La Biblia enseña que la creación es un universo. Es decir, que todo lo que vemos alrededor de nosotros, desde la estrella más lejana que solo puede captar el telescopio más potente, hasta la célula más diminuta que se ve por un microscopio, y todas las cosas, vivas e inorgánicas, que componen lo que llamamos el mundo; esto es un universo. Se trata de un sistema vasto y único que incluye la materia, el espíritu y la vida, la mente, el tiempo y el espacio, y todos los seres que moran en ellos. La Biblia enseña que estas cosas no están separadas, no son independientes entre sí, sino que están unidas y funcionan en armonía.

Según la ciencia médica, el cáncer es una enfermedad en la cual las células ya no reciben órdenes del resto del cuerpo. Un cáncer está compuesto de células libres, anárquicas; no están sujetas al equilibrio y al orden del resto de las células corporales. Se descontrolan, y al cabo de poco tiempo acaban con su víctima. Si en este mundo todo fuera independiente de todo lo demás, tendríamos un cáncer universal por todo el vasto universo. Por lo tanto, Dios reúne todas las cosas, las vincula y las hace interdependientes.

Es imposible mover una piedra en la playa sin que esto altere en cierto sentido el equilibrio del mundo. Una hoja que se desprende de un árbol cambia un poco el orden de la naturaleza... apenas nada. En este mundo no nace un solo bebé que no lo cambie un poco. El hombre o mujer que muere y abandona el mundo también lo transforma un poco, porque todas las cosas están relacionadas y dependen unas de otras.

La Biblia enseña, además, que este universo, este "uni" (que significa "uno"), este gran sistema interrelacionado tiene un control central. Y ese control se llama el trono de Dios. El universo se dirige desde ese centro. Esto me parece lógico. ¿Sabes lo que le pasaría al cuerpo humano si no tuviera un control central? Se han escrito muchas fábulas y relatos sobre un cuerpo que no quería obedecer a la cabeza, y ya te puedes imaginar el resultado. Debe haber una cabeza en cada organismo, porque de otro modo no habría armonía, coordinación, cooperación, vida.

Toda organización debe tener una cabeza. Si organizas algo, aunque sea un simple club de lectura que consiste en media docena de personas, siempre habrá un presidente. Ese presidente debe presidir. Esto es así incluso en el imperio más grande que haya existido en el mundo, hasta en las grandes naciones de este planeta. Toda organización debe tener una cabeza; es lógico.

Por lo tanto, si todo organismo debe tener una cabeza, si una máquina debe tener un control, una organización una sede, ¿no es lógico pensar que en algún lugar de este vasto universo hay un trono desde el que alguien lo dirige? Yo creo que es así. Y creo que el que está sentado en el trono es Dios, la Majestad en los cielos. La Biblia se refiere a este centro de control como "el trono de Dios". Y desde ese trono, Dios gobierna su universo de acuerdo con un propósito eterno. Ese propósito eterno abarca todas las cosas. "Todas las cosas" son tres palabritas que a menudo usan las Escrituras, pero sin embargo son más grandes que el cielo sobre nuestras cabezas. Son más grandes que el mundo entero. Son grandes porque abarcan todas las cosas.

Por lo tanto, tenemos a la Majestad en los cielos que está sentado en su trono. Vemos que hay alguien sentado a la derecha del trono. ¿Por qué? ¿Y quién es? Es Jesucristo, ministro del santuario, que hizo Dios, no el hombre. El motivo de que esté allí, en resumen, es este: en lo que llamamos el universo un reino se rebeló. En este universo interrelacionado, interdependiente, interconectado, una provincia se rebeló y dijo: "No queremos que la cabeza nos dirija. No queremos que nadie nos gobierne desde el trono. Nos gobernaremos solos. Construiremos esta gran Babilonia que llegue a los cielos. No toleraremos que Dios nos gobierne". A esa provincia la llamamos "humanidad". Y la humanidad habita esa pequeña esfera giratoria a la que llamamos Tierra.

Algunos se preguntan si el ser humano existe en otros lugares del universo, y los astronautas van al espacio para averiguarlo. No creo que exista en ningún otro lugar, porque las Escrituras dicen que la Tierra ha sido dada a los hijos de los hombres. Creo que la Tierra es para los seres humanos. No han hecho mucho con ella, ni tampoco han hecho un gran trabajo, pero pertenece a los hijos de los hombres.

Esa provincia ahora está en rebelión contra la Majestad en los cielos. ¿Qué piensa hacer Dios? Con un solo gesto de su mano, Dios podría borrar del mapa esa provincia. Pero ¿qué hizo? Dios envió a su Hijo unigénito para que redimiese a esa provincia y la devolviera a la esfera del trono, a la esfera del reino. Y ese reino se llama "el reino de Dios". Cuando una persona se convierte, nace de nuevo al reino de Dios. ¿Qué significa esto? Que ya ha abandonado la antigua provincia rebelde y ha entrado en un reino nuevo, que admite que existe un trono, algo que antes no reconocía.

Ningún pecador admite que el trono de Dios sea válido y que el que está sentado a su diestra le gobierne. Puede hablar de Dios, apelar a Él y usar su nombre, pero no obedecerá a Dios. Por eso es lo que es. Por eso es pecador y se le llama así. Por eso se dice que perecerá a menos que se arrepienta y nazca de nuevo. Cuando se arrepiente y nace de nuevo, abandona el viejo mundo, la vieja provincia que se rebeló, y se traslada al reino de Dios, sometiéndose de nuevo al señorío del Dios trino. Es así de sencillo.

No puedes llegar allí por medio del bautismo, aunque todos debemos ser bautizados, según las enseñanzas de Jesús. No llegamos allí por unirnos a una iglesia, aunque todos deberíamos formar parte de una. No llegamos allí a base de oraciones;

puedes pasarte 24 horas al día orando hasta el día de tu muerte, y no entrar allí. Al reino se llega por un acto de la voluntad, por medio de Jesucristo el Señor; eso me saca de la antigua provincia rebelde y me lleva al reino de Dios, poniéndome de nuevo bajo el gobierno del trono.

Aquel que nos devuelve al trono

Dios se hizo hombre para rescatar al ser humano pecador. Lo hizo renunciando a su propia vida, para volver a llevar a Dios a aquellos que se habían rebelado. Esto lo hizo Jesucristo nuestro Señor, y ahora le vemos sentado a la derecha del trono de la Majestad en los cielos.

Ahora vemos que el cristianismo se relaciona con todo el mundo, y que todos intentan hacer un poco de bien. Pero la esencia del cristianismo es esta:

> Varones israelitas, oíd estas palabras: Jesús nazareno, varón aprobado por Dios entre vosotros con las maravillas, prodigios y señales que Dios hizo entre vosotros por medio de él, como vosotros mismos sabéis; a éste, entregado por el determinado consejo y anticipado conocimiento de Dios, prendisteis y matasteis por manos de inicuos, crucificándole; al cual Dios levantó, sueltos los dolores de la muerte, por cuanto era imposible que fuese retenido por ella (Hch. 2:22-24).

Y, por supuesto: "A este Jesús resucitó Dios, de lo cual todos nosotros somos testigos. Así que, exaltado por la diestra de Dios, y habiendo recibido del Padre la promesa del Espíritu Santo, ha derramado esto que vosotros veis y oís" (Hch. 2:32-33).

Hay un trono. Y el que se sienta en el trono es uno de nosotros, Jesucristo, y el mundo se ha rebelado contra ese trono. El cristianismo dice al mundo que puede regresar al trono por medio de Jesucristo el Señor.

Esto es lo que emocionaba y motivaba a la Iglesia primitiva. No les emocionaban las cuestiones político-industriales que excitan a tantos líderes religiosos de nuestros tiempos. Parece que todo el mundo se sube al tren de la política, creyendo que la Iglesia tiene la obligación de controlar el Gobierno. Pero en la iglesia primitiva los hombres y mujeres bautizados con el Espíritu Santo, como se plasma en el segundo capítulo de Hechos, se emocionaban con otras cosas.

Les entusiasmaba que Dios estuviera en su trono. Les emocionaba que Cristo estuviera sentado a la diestra de Dios Padre y que un día volvería en nubes de gloria. Hablaban de la consumación de todas las cosas, el fin de la iniquidad, la purga de este mundo, la limpieza de los cielos estrellados en lo alto. Les embargaban pensamientos sobre el Cristo glorificado que pronto volvería.

Por encima de todo, hablaban de aquel hombre sentado en el trono. "Ese hombre al que crucificasteis", decían, "está a la diestra de Dios, vive para siempre y es uno de nosotros". Y eso les encendía el corazón. Aquellas personas convertidas, aquellos discípulos, decían: "¿Sabéis que uno de nosotros tiene una posición igual a Dios, que tiene poder y autoridad divinos, que le han sido concedidos en el cielo y sobre la tierra?" (ver Hch. 4:10-12). Iban por todas partes contando que aquel Dios era el hombre Jesús, y que uno de los nuestros había sido exaltado de tal manera.

La pregunta sobre el Dios-hombre

Una vez leí las palabras de un hombre que decía que Cristo era hombre pero no lo era. Me pregunto cómo puede ser eso. ¿Cómo puede ser un animal "un caballo" pero al mismo tiempo no ser "un caballo"? ¿Has visto alguna vez la "naturaleza equina" flotando por ahí como una nube? La naturaleza humana solo puede residir donde haya un ser humano. Por consiguiente, en vez de decir que Cristo es hombre pero no lo es, debemos decir que Cristo es un hombre. "Porque hay un solo Dios, y un solo mediador entre Dios y los hombres, Jesucristo hombre" (1 Ti. 2:5). Jesús es un hombre, está sentado a la diestra de Dios y está sentado en el trono.

Por consiguiente, adoramos a este hombre como Dios. No adoramos a ningún otro hombre, pero a este lo adoramos como Dios. Y la iglesia primitiva ya creía que ese hombre era Dios, y le adoraban como tal. Decían: "Este hombre, Jesús, es Dios". Entonces, claro está, a medida que empezaron a analizarlo metafísicamente, la gente dijo: "Pero si es un ser humano; ¿cómo pueden arrodillarse delante de un ser humano? Eso sería idolatría". Los cristianos del Nuevo Testamento decían: "Este ser humano es diferente. Tiene una unión con la Deidad eterna, de modo que cuando le adoramos no caemos en la idolatría; adoramos a Dios".

Después de haber estado un siglo o más adorando gozosos, los antiguos teólogos encontraron un nombre para este fenómeno. Le llamaron "unión hipostática". Y como encontraron un nombre, pensaron que lo habían explicado.

La unión hipostática

Si vieras una criatura extraña, con plumas por delante y pelo por detrás, dos colas y tres cuernos, y fuera un ser anómalo en parte pato y en parte gato, todos los científicos tendrían que confesar que nunca habían visto nada parecido. Entonces llega un científico y le pone nombre. Y en cuanto lo nombra, los demás dicen: "Ahora ya sabemos lo que es". No, no lo saben. Lo único que han hecho es ponerle nombre, eso es todo.

Lo mismo pasa con la unión hipostática. La pregunta era: "¿Cómo pueden ser uno Dios y el hombre?". Nadie lo sabía, de modo que le pusieron por nombre "unión hipostática", que significa que la sustancia divina y la humana se unen en una sola, de modo que cuando adoras a Jesús el hombre, adoras a Dios. Esto ha satisfecho a todo el mundo desde entonces, menos a los liberales, a quienes de todas maneras, no se les puede contentar.

Escuché otro nombre para este concepto, y también me gustó. Creo que es acertado, quizá mejor que "unión hipostática". Lo llaman "unión teantrópica".

"Teantrópico" es un adjetivo atractivo. "Teo" hace referencia a Dios, y "tropos" al hombre. Por consiguiente, tenemos la unión del hombre con Dios. Dios y el hombre, unidos. Aunque aún no lo entiendo, puedo arrodillarme delante de Él y exclamar: "¡Señor mío y Dios mío!", porque a la diestra de Dios está sentado un hombre.

Si pudiéramos ver ahora el cielo, conoceríamos criaturas que agotan toda explicación humana. Veríamos criaturas dotadas de seis alas, cuando solo estamos acostumbrados a ver dos. Veríamos criaturas con ruedas en medio de ruedas, que saldrían del fuego. Veríamos ángeles con amplias alas y serafines ígneos. Veríamos seres extraños que no podríamos comprender. Todas estas cosas desafiarían todo lo que sabe el hombre a este lado de la gloria.

Entonces alguien diría: "¡Un momento! Vamos a ver... Veo algo que tiene forma humana". Sin duda le reconoceríamos. Sería Jesús. Sería uno de nosotros. De hecho, nos acercaríamos a Él y le diríamos: "Somos hermanos. Te conozco. Eres de mi raza. Me perteneces".

Por ejemplo, ¿no te sientes bien cuando vas viajando por Sudamérica, Alemania o Asia, y se te acerca otra persona, ustedes se miran y él habla y le dices: "Eres estadounidense", y él contesta: "Sí que lo soy. Vivo en Chicago"? Y sonríes. A lo largo de lo poco que he viajado por el mundo, no puedo evitarlo: cada vez que veo la bandera de Estados Unidos o veo a alguien a quien reconozco como estadounidense me dan ganas de saltar de alegría. No me gustan porque sean mejor que nadie, pero hay algo en nuestro ser que reconoce a los nuestros.

Supongamos que fuéramos paseando por el cielo y viéramos un arcángel, pero no habláramos su idioma. Supongamos que viéramos un querubín, y no hablásemos su idioma, o un serafín. Yo sentiría reparo. Diría que ese ser arde... no puedo acercarme a él. Entonces, de repente, veo un hombre. Le diría: "¡Espera! ¿No nos conocemos?".

"Sí, soy Jesús, a quien crucificasteis, a quien Dios levantó de los muertos. Y estoy aquí por ti, defendiendo tu causa delante del trono del Padre".

Allí, delante del trono, está Jesucristo el hombre, el Señor. No el Dios victorioso, lo cual no hubiera sido una noticia de la que ser heraldos ante el mundo. La buena noticia no es que Dios sea victorioso. Si es el Señor Dios todopoderoso, ¿cómo no será victorioso? Pero lo que dijo la iglesia primitiva es que hay un hombre victorioso, un hombre unido a Dios, y ese hombre es victorioso, y nosotros somos bendecidos en Él. Y si estamos en Él, nosotros también podemos ser victoriosos.

Reunidos con Dios en Cristo Jesús

Creo que vivimos en los arrabales, en las fronteras del reino de Dios. Estamos en él, pero apenas hemos cruzado sus puertas. Los cristianos deben reconocer que nuestra naturaleza se ha unido con la de Dios en el misterio de la encarnación. Y cuando Cristo murió en la cruz y resucitó, y empezó a unir a su cuerpo a los cristianos individuales, su intención era que tuviéramos la misma victoria que Él. Su objetivo era que tuviéramos el mismo privilegio que tiene Él a la diestra de Dios. Dijo: "Yo en ellos, y tu en mí, para que sean perfectos en unidad, para que el mundo conozca que tú me enviaste, y que los has amado a ellos como también a mí me has amado" (Jn. 17:23).

Una de las misiones primarias de nuestro Señor fue anunciar a los incrédulos que ocupan el mismo lugar que Él en el corazón de Dios. Estamos allí gracias a la dignidad absoluta del Señor Jesucristo, que es nuestra cabeza. Es nuestro representante delante de Dios. Y, como ser humano representativo, nos enseña qué tipo de hombre puede ser. Es el modelo de persona según el cual fuimos creados tú y yo. Por eso el Señor no te dejará solo.

Nos acostumbramos a un punto de vista reducido. Miramos el mundo y el reino de los cielos de Dios desde una grieta estrecha y oscura. Lo contemplamos desde esa fisura, olvidando que si nos atreviéramos a tener fe, ese hombre, a la diestra de Dios, sentado a la diestra del trono, nos pertenece y le pertenecemos, y todo lo que Él es podemos serlo en Él. Te digo que esto podría cambiar nuestras vidas. Pero aquí estamos, igual que siempre.

No creo en el cambio porque sí. Recomiendo que levantemos nuestros ojos hacia Dios, la Majestad en los cielos, y que le observemos larga, intensa y reverentemente con fe, y veamos a su diestra a uno de nosotros, diciendo: "Si Él puede estar ahí, yo también puedo estar. Si Dios le acepta, a mí me acepta en el Amado. Si Dios le ama, me ama también a mí. Si Él está seguro, yo lo estoy. Y si Él ha conquistado, yo puedo conquistar. Si Él es victorioso, yo también lo soy".

Una de estas mañanas levántate y permite que el poder de Dios descienda sobre ti, y permítele que te bendiga. Sería un cambio notable respecto a lo que estás acostumbrado. A pesar de eso, sería maravilloso. ¿Por qué no buscamos la fe de Dios en Jesucristo? Nunca te acerques a Dios como lo haría algún poeta del paganismo: desde afuera. Recuerda siempre: "nadie viene al Padre, sino por mí" (Jn. 14:6). Toda persona puede acudir al Padre por medio de Él.

Por tanto, acerquémonos. Practiquémoslo. Empecemos ahora. Acerquémonos al corazón de Dios y vivamos en Él con victoria.

De todas las cosas que he dicho hasta ahora, el resumen es este: tenemos un gran sumo sacerdote que se ha sentado a la diestra de la Majestad en el trono, de la Majestad en el cielo, que es un ministro del santuario que Dios edificó, y no el hombre.

Desde nuestro punto de vista humano, el hombre siempre se ha rebelado contra la presencia de Dios, ya desde el huerto del Edén. El primer Adán nos alejó de la presencia de Dios, mientras que el segundo, Cristo, nos conduce directamente a su presencia. La rebelión del hombre queda invertida por la acción redentora del trono en las alturas. Dios ha abierto el camino a su presencia, y no se inmuta frente a la rebelión humana.

Al Padre, Dios de amor

Isaac Watts (1674-1748)

Al Padre, Dios de amor
queremos alabar;
nos dio consuelo y paz,
su gracia nos brindó;
y en una cruz al Cristo dio,
el pecador por rescatar.

Jesús el Redentor
es digno de loar;
de muerte y de pecar
su sangre nos libró.
Por siempre el triunfo es del Señor;
su reino permanecerá.

Espíritu de Dios
de luz y de verdad;
que con poder nos das
tu gozo y salvación;
a ti la gloria y el honor
naciones todas te darán.

¡Oh, Padre, Dios de paz!
¡Oh, Hijo, Redentor!
¡Oh, Espíritu de amor!
¡Sagrada Trinidad!
Do la razón no alumbra ya
el alma rinde adoración.

Trad. L. R. de Falvella

6

La naturaleza de la presencia de Dios entre los seres humanos

Tenemos tal sumo sacerdote... ministro del santuario, y de aquel verdadero tabernáculo que levantó el Señor, y no el hombre.

Hebreos 8:1-2

Para poder comprender la naturaleza de la presencia de Dios entre nosotros, debemos analizar dos aspectos: el trascendental y el místico. Es decir, hay determinados conceptos que son necesarios para la fe cristiana. La Palabra de Dios está tan interrelacionada que si destruimos una parte de ella destruimos también el resto. Por eso en mi corazón y en mi mente no hay espacio para un liberal, porque un liberal insiste en creer lo que quiere creer, rechazando aquello que no le interesa. El resultado es que lo ha destruido todo, porque cada faceta depende de todas las demás.

La trascendencia de Dios

La propia naturaleza de la presencia de Dios trasciende la naturaleza humana y, por consiguiente, escapa al alcance del mero pensamiento lógico humano. Cuando nos acerquemos a las Escrituras, debemos recordar que en toda la Biblia se nos enseña lo que a veces se ha dado en llamar "el paradigma trascendental del mundo". En el ámbito de la filosofía, el adjetivo "trascendental" significa muchas cosas. Pero lo que quiero decir con esto es que en algún lugar hay un absoluto. En algún lugar existe algo que no es relativo; está fijo y es definitivo, y no puede tener principio ni final. Trasciende la vida, el tiempo, el espacio, la materia, el movimiento, la ley y todas estas cosas, y a eso lo llamamos Dios. Cuando los cristianos hablamos de Él, le llamamos "Padre nuestro, que estás en los cielos".

Esta es una de las grandes verdades del Nuevo Testamento que, si la eliminamos, le hace a las Escrituras lo que le harías a un suéter deshilachado tirando de un hilo. Si tomas un hilo y vas tirando de él lo suficiente hasta tener toda una madeja, habrás destruido el suéter. De igual manera, si intentas tomar esta gran verdad que dice que Dios es Dios y que no tiene principio, y que creó todas las cosas, "las que hay en los cielos y las que hay en la tierra, visibles e invisibles; sean tronos, sean dominios, sean principados, sean potestades; todo fue creado por medio de él y para él" (Col. 1:16), entonces irás devanando la manga del cristianismo, hasta que no te quede otra cosa que un recuerdo. Es esencial aceptar esta verdad.

Sé que muchas personas no la aceptan. Los liberales, los materialistas y ciertos científicos la niegan, pero a nosotros nos da igual lo que niegue la gente. Nuestra misión en la vida no es negar, sino afirmar. Y da lo mismo cómo les suene a algunos: afirmamos que existe otro mundo por encima de este, del que este no es más que una sombra, y que en ese mundo hay un trono, y en ese trono un Dios que gobierna el universo.

El elemento místico

Admitir esta trascendencia es un acto místico. Con la palabra "místico" no hago referencia a la religión esotérica oriental.

Quiero decir que es posible que un cristiano conozca a Dios y se reúna con Él a solas. Que podemos recorrer el camino que lleva hasta el santuario del lugar santísimo, y que con nuestros corazones podemos reunirnos con Dios, conocerle, sentirle y experimentarle de una manera más maravillosa que cualquier hombre o mujer puede experimentar cualquier cosa material o a cualquier ser humano. Esto es lo que se enseña aquí, y es esencial para el cristianismo.

Si niegas la presencia y la existencia de un mundo trascendental del que Dios es cabeza, creador y Señor, y niegas el elemento místico del cristianismo, más vale que cierres la Biblia y te vayas a dar un paseo, porque nunca la entenderás. Si el cristianismo se reduce a una doctrina que se puede explicar sin conocimiento intuitivo, sin un conocimiento directo del corazón de Dios, ¿qué tiene de maravilloso? No daría ni un centavo para respaldar una enseñanza que negara la presencia de Dios en el universo y el postulado de que el corazón humano puede conocerle por medio de Jesucristo.

Una sombra del cielo

La Tierra es una sombra del cielo, exceptuando el pecado, por supuesto. El cielo brilla desde lo alto y proyecta sus sombras; estas sombras son lo que llamamos la Tierra y todo lo que hay en ella.

Sin embargo, esté donde esté, el pecado es una sombra del infierno, y nunca puede serlo del cielo. El pecado es una enfermedad, una deformidad, una plaga, una infección, una traición, una rebelión, un error, un sacrilegio y una perversión. Es todas estas cosas, de modo que no puede formar parte del cielo, porque en él no hay nada del cielo, y en el cielo no hay nada semejante a él. El pecado es una presencia siniestra en el universo, que Dios ha permitido durante un poco de tiempo. Sus días están limitados y contados por el determinado consejo y el conocimiento anticipado de Dios.

Cuando Dios lo considere oportuno destruirá el pecado del universo, derrotándolo y expulsándolo de su universo de modo que no quede ni rastro. Por lo tanto, la Tierra es la sombra del cielo.

La unidad del cielo y de la Tierra

Génesis 1:1 nos dice: "En el principio creó Dios los cielos y la tierra". El universo es uno solo: un Creador, un universo. Dios hizo el universo, y no lo hizo en contradicción perpetua consigo mismo. Lo hizo uno solo. No hizo que diversas partes del universo se opusieran entre sí, sino que obrasen en armonía unas con otras. Cristo, cuando estuvo en el mundo, enseñó la unidad del cielo y de la Tierra, y sostuvo que todo tenía su contrapartida espiritual. Por este motivo se sintió tan en casa en la Tierra como lo estaba en el cielo.

La gente se lamenta demasiado e innecesariamente porque nuestro Señor descendiera al mundo. Se vierten demasiadas lágrimas innecesarias y lúgubres por la encarnación de nuestro Señor. El Señor se pudo encarnar adoptando forma humana sin avergonzarse y sin dificultad alguna, porque cuando Dios hizo al hombre al principio de los tiempos, lo hizo a su propia imagen. Para el Dios que hizo esa imagen fue sencillo meterse en ella, de modo que no nos cuesta gran cosa creer en la encarnación de Cristo. Es un misterio de la santidad, pero no resulta difícil de creer, aunque sin duda es imposible de comprender.

Cristo se podía encarnar en la forma de un hombre, pero no en la de un ángel. Da lo mismo lo alto que se encuentren los ángeles en el orden de los seres creados; nunca se dice que fueran creados a imagen de Dios. El hombre fue creado a imagen de Dios y, por lo tanto, cuando Dios descendió para encarnarse, encajó en la naturaleza del hombre con tanta facilidad como la mano de una persona encaja en un guante. Y Jesús nuestro Señor caminó entre los hombres (entre flores, árboles, bebés, mujeres, caballos y todas esas cosas) con la misma naturalidad con la que caminaba en el cielo antes de encarnarse, porque a los ojos de Dios el cielo y la Tierra son una misma cosa.

Lo único que los separa de momento es esa presencia siniestra a la que llamamos pecado, de la misma manera que un hombre sano puede enfermar de repente, y que lo único que le separa de estar sano es la presencia de ciertos microbios, bacterias o virus en sus venas. Lo mismo pasa en el universo, donde el cielo y la Tierra son una sola cosa. Pero lo que está presente en el mundo ahora es ese virus al que llamamos pecado. Y mediante la sangre de Jesucristo y el poder de su espíritu, cuando Dios lo purgue de este mundo, se verá que el cielo puede iluminar la Tierra, porque Dios los hizo a ambos.

Jesús caminó entre los hombres y habló sobre los pájaros, diciendo que incluso las aves pueden predicar un sermón que todos deberíamos escuchar. Habló de las flores, y señaló a los lirios que crecían por allí, diciendo: "Ese lirio les puede enseñar una lección, porque crece en su belleza y no hay un solo hombre en Palestina, ni siquiera Salomón cuando estuvo ataviado con todo su esplendor, que pueda tener el aspecto hermoso de esta flor. Dios hizo esta flor, y ella no tuvo parte en el proceso. Por consiguiente, demos la gloria a Dios y dejemos de preocuparnos por nosotros mismos. Porque Dios creó las flores, el Señor cuidará de ustedes". Y Jesús en el mundo habló del viento, el agua, la luz, la vida, el crecimiento, la recompensa, el castigo y todas las cosas, demostrando que eran proyecciones de la Ley que era tan antigua como Dios y que tuvo su origen en su trono.

Ruego a Dios y espero que los cristianos se aparten del concepto de que la Tierra está bajo una sombra, allá en lo profundo de una cueva subterránea en el universo de Dios. Y en algún lugar muy distante, brillando en esplendor celestial, hay una ciudad, pero no existe ningún vínculo entre ambos sitios. Al diablo le gustaría que creyéramos eso, pero yo no lo creo ni por un segundo.

Creo que el cristiano cuyo corazón está vivo, alerta y sensible a la luz de Dios puede ver la ciudad que "tiene fundamentos, cuyo arquitecto y constructor es Dios". Además, no tiene que ir al cielo para verla. No quiero decir que tenga visiones nocturnas, despierte a su esposa y le diga: "Acabo de tener una visión". Nunca me ha atraído ese tipo de cosas. No he tenido una visión en toda mi vida. Nunca he tenido un sueño que no pudiera explicar por algo que había comido, algo que había visto o que no hice. Intento decir que el cristiano, que está vivo por dentro y tiene en él la vida de Dios, se encontrará como en casa entre los hombres y en su hogar celestial porque pertenece a ambos, igual que Jesús.

Cuando Jesucristo caminó por el mundo, estaba en el seno del Padre, y estas dos afirmaciones no se contradicen. Cuando un cristiano camina por la Tierra y le dice a su amigo incrédulo "Vivo en el seno de Dios", el amigo arquea una ceja, menea la cabeza y hace un leve gesto como si a ese cristiano le pasara algo raro. Pero al cristiano no le pasa nada. Se limita a decir la verdad: camina por el mundo, pero a pesar de ello está en el seno de Dios. Está en el reino de Dios. "Vosotros estáis en Dios y Dios en vosotros", dijo Pablo.

La Biblia y la naturaleza llevan la misma firma, de modo que podemos llegar a la conclusión de que quien hizo una hizo la otra. Fíjate de nuevo brevemente en cómo es la naturaleza. Miramos a lo alto en una noche clara y vemos las estrellas. Cuando era joven intenté contarlas, pero pronto renuncié. Estuvo bien que no las contara, porque los científicos afirman que son innumerables. Es decir, que hay demasiadas como para contarlas. Miras al cielo y ves un pequeño punto blanco, eso a lo que llamas estrella, pero los científicos dicen que no es solo una estrella, sino una galaxia, un cúmulo de estrellas. ¿Cuántas? Nadie lo sabe. Hemos de disponer de instrumentos telescópicos para saber que debe haber miles de millones de miles de millones de ellas.

Cuando David contemplaba las estrellas, le impactaba ver lo poco que era él comparado con el tamaño del mundo. David se arrodilló delante de Dios, con su arpa en la mano, y cantó un himno a Dios: "Cuando veo tus cielos, obra de tus dedos, la luna y las estrellas que tú formaste, digo: ¿Qué es el hombre, para que tengas de él memoria, y el hijo del hombre, para que lo visites?" (Sal. 8:3-4).

La respuesta del hombre inconverso frente a la maravilla de la creación

Tenemos la maravilla de la creación de Dios, pero entonces llega el hombre y empieza a estudiarla, la clasifica, la pesa y la mide, y crea instrumentos sofisticados para verla, de manera que pueda pesarla y medirla mejor. Esta es la respuesta del hombre inconverso frente a la maravilla de la creación de Dios.

La astronomía

La astronomía nunca ha bendecido a nadie, pero ¡cuántos millones de granjeros han caminado por la noche cruzando un prado desde la tienda en la pequeña aldea distante, y al mirar al cielo han visto las estrellas y en su corazón han dado gracias a Dios por estar vivos y porque Él también lo esté allá en los cielos! La astronomía es lo que el hombre ha hecho para entender las estrellas.

La botánica

Lo mismo pasa con las flores. Dios puso flores por doquier. Creo que todo está aquí con un propósito, y que Dios, siendo un Dios de razón, tuvo un propósito razonable para todo. Creo que hizo las flores porque en este mundo había unas criaturas hechas a su imagen, y sabía que esos seres tenían un sentido estético. Tenían la capacidad de apreciar la belleza. Por lo tanto, Dios, en vez de poner flores en el mundo y hacer que fueran ordinarias, las hizo tan hermosas que suspiramos encantados cuando vemos las primeras que brotan en primavera. Miras una flor y dices: "Esta flor ha crecido aquí sin ayuda de nadie. Ni siquiera pudo ayudarse a sí misma". Y añades: "Gracias a Dios, el que hizo las flores me sustentará".

Llega un botánico, divide la flor en pétalos, estambres y el resto. Pronto tendremos un libro enorme que a nadie le gustará. A eso lo llamamos botánica, y es lo que obligamos a estudiar a los jóvenes en la escuela secundaria y en la universidad, haciéndoles jurar en silencio que nunca más volverán a mirar una flor. En lugar del mundo hermoso de Dios, con las flores hermosas de Dios, tienes un libro grueso con letra pequeña, y a un individuo que intenta asimilarlo por la noche, intentando ponerse al día y aprobar el examen. Eso es lo que hemos hecho con las flores de Dios. Las hemos convertido en botánica.

La geología

Tenemos también las rocas, las colinas y todo el mundo hermoso que Dios creó bajo sus cielos. Y nos gusta contemplarlas. Yo crecí en el estado de Pennsylvania, esa tierra de cerezos que ahora sé lo que es. En aquel entonces no lo sabía, estaba demasiado cerca como para apreciarla. Cuando uno crece junto a algo, es posible que no lo aprecie tanto como otras cosas que descubrirá más adelante en la vida. Y yo veía aquellas colinas y los arroyuelos que discurrían entre ellas, y los montes cubiertos de pinos que se recortaban contra el cielo. Veía todo eso. Son rocas y colinas, y son hermosas. Y llega un tipo con un microscopio y un pequeño martillo. Es geólogo y profesor de geología. Por consiguiente, en lugar de quedarnos boquiabiertos frente a las peñas y las colinas, tenemos la geología.

La zoología

También tenemos los pájaros. Solíamos ver aquellas aves que llegaban temprano por la primavera, ponían huevos que luego eclosionaban, cantaban entre las ramas y volvían al sur cuando empezaban a soplar los vientos fríos del otoño y las hojas, marrones y sin gracia, volaban por doquier. Me gustaba ver las aves. Me gustaba ver cómo venían las palomas, cómo daban vueltas y se posaban en el tejado del granero, y se arrullaban y se resoplaban unas a otras estirando el cuello. Me gustaban las aves. Pero dale un pájaro y un conejo a un profesor y los convertirá en zoología.

En lugar de disfrutar de la naturaleza por sí misma, se la convierte en un sistema. Dios dio a Adán el huerto de Edén, los árboles y la belleza, y le dijo: "Mira, ahora es tuyo. Aprovéchalo, pero cuídalo también. Es tuyo". Entonces el hombre pecó, y cuando Adán volvió, si es que regresó alguna vez, llevaba un libro bajo el brazo. Toda esa hermosura se ha reducido a una ciencia sistemática.

El estudio de Dios por parte del hombre

Lo mismo se hace con las Escrituras. Dios nos dio la Palabra del Señor, una carta desde nuestro hogar. En otro tiempo, cuando íbamos de campamento, cantábamos un himno breve de un compositor anónimo, que decía:

> Tengo cartas de mi padre
> en mi mano, en mi mano.
> Y las escribió mi Hermano;
> grandes son, grandes son.

No era un himno inspirador, pero era una verdad maravillosa: que tenemos entre manos una carta de Dios. Pongámosla en manos de un profesor con gafas gruesas, y en muy poco tiempo habrá creado una teología que nadie querrá leer.

En cierta ocasión un alumno de una universidad cristiana me escribió y me dijo: "¿Me podría ayudar? ¿Estoy perdiendo la fe, o qué es lo que anda mal? Suponía, teóricamente, que el estudio de la teología debía ser la materia más emocionante, encantadora y estimulante del mundo, porque la teología es el estudio de Dios y de sus caminos. Y daba por hecho que debería ser un deleite, pero este profesor me lo hace imposible. Ni siquiera la disfruto; es que no quiero ni escuchar más".

Le contesté explicándoselo lo mejor que pude, porque en mi vida también me había encontrado con ese problema. De modo que tenemos la Biblia, las cartas de Dios para los suyos. La tomamos, la reducimos y la sistematizamos, y pronto necesitamos una buena formación para comprenderla. El Señor nunca quiso eso. Su Palabra va destinada a todos sus hijos.

El continente americano lo conquistaron y lo colonizaron personas que nunca habían pasado de los estudios primarios. La única educación con la que contaban era el *McGuffey Reader*.[1] Pero sabían leer, y disponían de traducciones de la Biblia que les dieron hombres eruditos, de modo que vivían con esas buenas traducciones y nunca sospecharon que pudiera haber nada más.

Simplicidad e inocencia. Dios escondió estas cosas de los sabios y los entendidos, y las reveló a los niño (ver Mt. 11:25). He conocido a muchas ancianas, vestidas con sus prendas negras y anticuadas, que llevaban 40 años sin ponerse un vestido propio de la época ni que siguiera la moda. He visto a esas ancianitas

1. Los *McGuffey Readers* eran una serie de cartillas escolares, divididas en grados, que se usaron como libro de texto en las escuelas norteamericanas desde mediados del siglo XIX a mediados del XX, y que se siguen usando hoy día en algunas escuelas privadas. (*N. del T.*)

que ya habían abandonado este mundo. ¡Oh, cocinaban, cosían, limpiaban sus casas, iban al mercado y todo eso, pero no vivían allí! Caminaban lejos del mundo, viviendo con Dios a tiempo completo. No eran personas brillantes, con grandes estudios, pero leían la verdad de Dios tal como un niño contempla las flores. Contemplaban la verdad divina y la veían como David vio las estrellas, como Isaías vio las montañas: directas, sin intermediarios, sin sofisticación, sin contaminación.

Una imagen comprensible de lo místico

Encontramos un patrón para esta forma de ver las cosas en el tabernáculo del Antiguo Testamento, que ilustraba la presencia de Dios entre los hombres. La presencia de Dios descendía de lo alto para elevar a la humanidad por encima de los elementos de este mundo. El Señor dijo que había un patrón que se le dio a Moisés en el monte. Pero ahora en el cielo hay un santuario, un tabernáculo verdadero. Hay un altar, un propiciatorio y un sumo sacerdote. Y Dios dijo que si Jesús estuviera en el mundo, no sería sacerdote. No podría serlo porque en la Tierra ya había sacerdotes según el orden de Leví. Pero Dios dijo, según las propias Escrituras del Antiguo Testamento, que ha venido un sacerdote que está por encima del sacerdocio levítico, según el orden de Melquisedec, y este Jesús es el auténtico. Y dijo que Jesús tiene un ministerio más excelente que Leví, que tenía el tabernáculo.

Si lees los libros de Levítico y Éxodo, si te familiarizas con ellos y ves lo que dicen, verás qué hermosos eran el tabernáculo y el sacerdocio. Hay algo tremendamente hermoso en el tabernáculo y en el orden levítico del Antiguo Testamento. Estaba contaminado y manchado de sangre por todas partes, porque el pecado contaminó y ensució el mundo, y para limpiarlo hacía falta sangre. Por lo tanto, en el orden del Antiguo Testamento siempre hubo sangre: la sangre de corderos, palomos y machos cabríos. Pero todo señalaba al Cordero de Dios que vendría a quitar el pecado del mundo.

Todo este tabernáculo ha sido levantado y ahora está en los cielos, y en ellos tenemos un sacerdote eterno que se ofreció como Cordero para acabar con el sacrificio de todos los corderos. Allí tenemos un altar; no en Jerusalén, sino en los cielos. Allí tenemos al Cordero que ocupa el lugar de todos los animales que fueron sacrificados en los altares judíos. Y tenemos un altar de incienso donde ruega nuestro Señor, que sustituye a aquel altar de incienso transitorio en el antiguo tabernáculo de Judea. Jesucristo es el auténtico sacerdote y, estrictamente hablando, es el único sacerdote. En un sentido secundario, todos los miembros de su pueblo son sacerdotes. Pero en un sentido primario, solo hay un sacerdote, que es Jesucristo el Señor, el sumo sacerdote.

Ya nada se interpone entre Dios y los hombres

¿Qué significa esto para nosotros? Significa que ese remedio glorioso sigue vigente ahora. En la época del Antiguo Testamento, una vez al año el sumo sacerdote llegaba vestido con sus ropas esplendorosas, y llevando una sangre que no era la propia atravesaba un velo tan sagrado que solo se movía una vez al año, y rociaba la sangre sobre el propiciatorio entre las alas de los querubines, donde relucía la potente *shekiná*. Todos esos sacrificios cruentos realizados una vez al año para expiar el pecado se acabaron cuando nuestro Señor entregó el espíritu y dijo "Consumado es", muriendo en una cruz. Y lo que se enseña aquí es que Jesucristo eliminó la barrera, de modo que ahora ya nada se interpone entre el hombre y Dios, si el ser humano lo cree. Por la sangre del Cordero, Dios lavó los cielos; ahora los que se ciernen sobre nosotros nos son favorables.

Jesús dijo: "Venid a mí todos los que estáis trabajados y cargados, y yo os haré descansar" (Mt. 11:28). "Y el Espíritu y la

Esposa dicen: Ven. Y el que oye, diga: Ven. Y el que tenga sed, venga; y el que quiera, tome del agua de la vida gratuitamente" (Ap. 22:17), dice el último libro de la Biblia.

La sangre del Cordero ha lavado la maldad que nos mantenía alejados de Dios. Ahora puede acercarse a Él todo aquel que quiera, por muy oscura que sea su mancha o por alejado que esté de Dios. Cualquier pródigo está a la misma distancia de Dios que el resto de personas.

Oímos hablar de violadores, asesinos y demás. Sin embargo, ese violador que viola y mata en el parque en medio de la oscuridad de la noche no está más lejos de Dios que ese arrogante hombre de negocios rodeado de su familia que le adora, que lee a Shakespeare y escucha a Beethoven. Todos son pecadores, y todos han sido destituidos de la gloria de Dios (ver Ro. 3:23). Todos estamos sin esperanza y sin Dios en el mundo. Sin embargo, si creemos hay esperanza en Dios.

Las Escrituras nos dicen que hay un camino abierto a través de una fuente en la casa de David, un camino abierto a través de la carne de Jesús. De modo que el violador del parque, aunque nos estremece el acto espantoso que ha cometido, puede volver a casa si lo desea. Y el hombre que es íntegro y recto, él también puede acudir. Pueden venir los pecadores cultos y los incultos, los más bastos. Todos pueden venir, porque el cielo y la Tierra se han unido. Jesucristo ha derribado la división, la diferencia. Ahora podemos acudir a Dios. El pecado sigue suelto en el universo como un virus en el cuerpo, y el mundo está enfermo, desesperadamente enfermo. Pero Jesús es el médico de almas, y puede curarnos y llevarnos a Él por medio de su sangre.

Nuestra esperanza para este mundo y para el venidero son un sumo sacerdote, un altar, un templo, un tabernáculo, una capilla y un Salvador que está en el trono celestial. Esto tenemos los cristianos. Lo que me inquieta es cómo es posible que nos lo tengamos tan callado, y por qué lo aceptamos con tanta sobriedad, casi con tristeza. Me parece que los cristianos deberíamos ser las personas más felices de este ancho mundo.

Todos con gozo contemplad

Philip Doddridge (1702-1751)

Todos con gozo contemplad
al sumo sacerdote celestial,
y su cuidado celebrad,
pues Él nos ama sin cesar.

Aun exaltado al simpar trono
donde ángeles le adoran,
y sobre hueste celestial
honores le coronan,

los nombres de sus santos lleva
en sus palmas grabado;
ningún cristiano ha de decir
que Dios le ha abandonado.

¡Oh, sí! Glorioso Salvador,
llevemos en el pecho
cual ornamento y protección
tu nombre santo y tierno.

7

La verdadera libertad en la presencia de Dios

Porque todo sumo sacerdote está constituido para presentar ofrendas y sacrificios; por lo cual es necesario que también éste tenga algo que ofrecer. Así que, si estuviese sobre la tierra, ni siquiera sería sacerdote, habiendo aún sacerdotes que presentan las ofrendas según la ley; los cuales sirven a lo que es figura y sombra de las cosas celestiales, como se le advirtió a Moisés cuando iba a erigir el tabernáculo, diciéndole: Mira, haz todas las cosas conforme al modelo que se te ha mostrado en el monte.

Hebreos 8:3-5

Por medio de la sangre se abrió para Israel una nueva forma de adorar. Dios instruyó a Moisés que elaborase el tabernáculo siguiendo un patrón divino que le enseñó en el monte. Dios les dio el tabernáculo, con su altar de bronce para los sacrificios, sobre el que se ofrecían los animales, y el altar del incienso, que tipificaba la oración. Además de esto, en el lugar santísimo estaba el arca de la alianza con su tapa de oro, llamada el propiciatorio. Y por encima de ese propiciatorio se cernían dos querubines con las alas del uno extendidas hacia las del otro. Entre las alas de los querubines ardía el fuego temible, la *shekiná*.

Había sacerdotes, que nacieron como tales y fueron ungidos para ejercer esa función. Llevaban prendas de ropa que simbolizaban y tipificaban conceptos celestiales. Por encima de ellos estaba el sumo sacerdote, un tipo del gran sumo sacerdote que había de venir. Levantar un altar costaba un gran esfuerzo, al igual que construir ese propiciatorio y el arca de la alianza, las mesas, las paredes y las cortinas.

Había que hacer todas estas cosas, y a Moisés no se le permitió trazar ni el más mínimo plan. Ni uno solo. Para hacer los velos, ningún hombre pudo diseñar el dibujo. Moisés habría estado preparado para ello, porque era un hombre con una gran educación, un genio por derecho propio. Al vivir en Egipto había visto hermosos edificios en torno al palacio en el que creció de niño, como supuesto hijo de la hija del faraón. A mí me encantaría vivir en una casa diseñada por Moisés, dadas su habilidad y su experiencia. Sin embargo, Dios instruyó a Moisés: "Quiero que hagas que este tabernáculo terrenal sea un reflejo del celestial, de modo que la luz de Dios derramada en los cielos quede reflejada en lo que será el tabernáculo terrenal de ustedes. Esto solo será por un poco de tiempo. Las sombras nunca duran mucho. La luz permanece, pero las sombras se van. Quiero que hagas esto, y no te atrevas a improvisar. No te tomes ninguna libertad con los planos. No añadas nada. No lo hagas, Moisés. Cíñete al patrón que te mostré en el monte, porque si me fallas al construir esto, será un reflejo imperfecto de la deslumbrante gloria celestial".

Dios explica el plan

Dios advirtió a Moisés que no se apartara de las indicaciones que le había dado en el monte. Moisés recibió unas instrucciones, y no tenía libertad para cambiarlas o mejorarlas. Esto nace de una triple presuposición.

La redención es obra de Dios

La redención es obra de Dios, no del ser humano. En la mente o en las manos de una persona, por capacitada que esté o por brillante que sea, no hay sitio para planes o propósitos redentores. Dios preparó la redención en Cristo Jesús antes de que el mundo fuese, y no necesita que yo ni que ningún otro hombre vivo la retoque.

La verdadera religión la revela Dios

La verdadera religión no la descubre ni la determina el hombre. El cristianismo crece hacia abajo desde el cielo, no hacia arriba desde la tierra. No se fundamenta en el mundo. Sus raíces están en el cielo, de modo que el ser humano no tiene nada que decir. La verdadera religión se revela desde lo alto.

El ser humano ha creado muchas religiones por todo el mundo, y algunas son muy hermosas y llenas de contenido, pero no son redentoras. Dios dijo: "Esta religión auténtica, de la que deben disfrutar, procede del cielo, de lo alto, y lo único que deben hacer es dejar que la luz celestial brille sobre ustedes reflejando la gloria de los cielos". Pero cuando apartamos el espejo del Antiguo Testamento, ya no hay reflejo que valga. Ha desaparecido, pero el mundo eterno permanece en las alturas.

La salvación se recibe de Dios

Existe una tercera presuposición: la salvación se recibe de Dios, no es algo que el hombre consiga. Si el hombre hubiera contribuido a la salvación aunque fuera solo un poco, digamos un uno por ciento, Dios habría dicho: "Moisés, te ofrezco unos planos perfectos en un 99 por ciento. Puedes garabatear un poco, escribir un poco más e improvisar añadiendo lo que te apetezca, porque te permito un uno por ciento". Más bien, Dios dijo: "No, Moisés. Te doy un modelo que procede de Jehová tu Dios en un cien por cien, de modo que no te tomes libertades con él". El cielo es el que indica a la Tierra cómo vivir. Recuerda esto. El cielo habla y la Tierra debe escuchar. El cielo ordena, y a la Tierra no le toca otra cosa que obedecer, sin formular preguntas. El cielo llama, y la Tierra ha de responder. El cielo invita, y la Tierra debe responder a la invitación.

La iglesia del Nuevo Testamento también recibió este patrón, consistente en cosas que son verdad eternamente, reveladas por Dios. Las ordenanzas que estipuló Dios, que son ciertas para siempre, lo son para todas las naciones, para cada una de ellas, para todos y cada uno de los seres humanos, y además en toda circunstancia; nunca son relativas. Hoy día tenemos lo que se llama relatividad moral. Cuando acudas a la cosas de Dios, abre tu Biblia y aparta esta idea confusa de la relatividad, este estándar moral voluble. Cuando Dios habla, que el mundo escuche. "¡Tierra, tierra, tierra! oye palabra de Jehová" (Jer. 22:29).

El patrón divino neotestamentario se expuso en el monte

El patrón que Dios nos ha dado es un espejo que refleja la verdad de Dios de lo alto. Estas verdades no son relativas ni fluctuantes; son ciertas más allá de toda duda. Sin embargo, en esta época en la que todo se debate, media docena de personas se sientan en torno a una mesa y manifiestan su ignorancia. Nadie sabe nada del tema, pero se sientan y hablan de él.

Nuestro consejo es: que nadie toque el plan. No improvisen. No añadan un solo tablón. No añadan un hilo al tejido que ha hecho Dios. Que nadie se atreva a echar otro cimiento o enderezar una viga a menos que Dios le diga que lo haga. No se aparten del modelo que Dios mismo les ha dado.

Hoy día la tendencia es que los predicadores no sean tan dogmáticos. Después de todo, dicen ellos, todo tiene su otra cara. Pero solo hay una cara para lo que dice Dios, y es la que Él decide. Por consiguiente, no nos atrevamos a buscar otra cara y empezar a debatirlo todo. La Palabra del Señor no es debatible, y los mandamientos de Cristo no deben ser objeto de debate en una camarilla. Hay que obedecerlos con humildad y lágrimas, en el poder del Espíritu Santo que vive en nosotros.

Lo que Dios nos ha revelado en su Palabra está integrado en la fe cristiana. Son las hebras que Dios introduce en el ropaje santo. Representan la filosofía por la que viven todos los hombres. Ahí es donde reside la verdadera libertad, no en construirla a medida que avanzamos, sino en descubrir los decretos inmutables de Dios.

La Palabra del Señor permanece. Aquí está. ¿Qué vas a hacer al respecto? "La palabra que he hablado, ella le juzgará en el día postrero" (Jn. 12:48). "Estas son mis palabras", dice Dios, "y que ningún hombre les añada nada so pena de ser maldito. Y que nadie les quite nada". Las palabras de Dios no son para que yo las corrija y las manipule, sino para que las crea y las obedezca.

Estamos comprometidos con el patrón de la Biblia, y nadie tiene autoridad para añadirle nada; nadie tiene autoridad para quitarle nada, alterarla en ningún sentido, remodelarla para que encaje mejor con el deseo de su corazón. "Mira y hazlos conforme al modelo que te ha sido mostrado en el monte" (Éx. 25:40).

Algunas personas temen este tipo de enseñanza. No quieren que nadie les confine o limite. Les parece que sostener una visión tan dogmática como esta es ser cerrado, dócil y estático. Este es el argumento del diablo, porque la respuesta a todas las cosas es que el sufrimiento del mundo es el resultado de no creer en los modelos de Dios.

Todos los misterios del mundo se originan en que la raza humana no ha seguido el modelo expuesto en el monte. Dios estableció determinadas reglas para ellos y les dijo: "Si quieren vivir bajo el resplandor de mi rostro, vivan así".

Por supuesto, todo el mundo se creyó más listo. Eva pensó que era más lista que los demás, y el resultado es el caos en el que vivimos. En nuestro mundo no se derrama una sola lágrima (en toda la extensión de la Tierra) que no sea el resultado de los corazones rotos. La causa es que las personas piensan que saben más que Dios sobre las cosas, se las quitan de las manos y las manipulan. Si Adán y su pueblo, su raza, hubieran obedecido el patrón del monte y hubiesen vivido como Dios les dijo, no habría Guerra Fría ni caliente, cementerios, duelos, cáncer, tuberculosis ni asesinatos.

Hay dos maneras de ser necio. Una es no asistir ni un solo día al colegio, y la otra es ir demasiado tiempo. Creo que algunas de esas personas han estado demasiado tiempo estudiando. Por ejemplo, pensemos en una sardina, un pez que mide lo mismo que mi meñique, y dejémosla en mitad del inmenso y agitado océano Pacífico y, antes de hacerlo, digámosle: "Mira, sardina, después de haberte paseado un tiempo por el océano, tendrás que irte en busca de otro". ¿Cuánto tardaría la sardina en descubrirlo todo? Un millón de años, y no habría encontrado los confines de ese mar vasto, batiente y agitado.

Dios nos ha dado este mundo maravilloso, con sus montes de elevadas cumbres cubiertas de nieve, y por encima de ellos el cielo salpicado de estrellas, e hizo los vientos que soplaban por los valles. Dios vistió este mundo de verdor y lo pobló de flores, y dijo: "Ahora esto es de ustedes. Todo aquello donde pongan el pie será de ustedes. Lo entrego a los hijos de los hombres".

La tentación es ponerse nervioso y decir: "Cuidado y no te estanques, hermano". Según dicen los expertos, no usamos ni una tercera parte del cerebro que tenemos. Nos pasamos el tiempo en tonterías, y el resultado es que no desarrollamos el patrón poderoso que subyace en nuestra propia naturaleza. Yo no pienso estancarme porque no vaya a la luna o a cualquier otro lugar y me dé un paseo flotando. Me va bastante bien en este mundo, gracias. Si llegas a conocer a Dios puedes seguir conociéndole, porque no tratamos con la materia, el espacio, el tiempo, la ley y el movimiento. Tratamos con el Dios eterno que hizo lo visible y lo invisible. Tomemos a todas las criaturas que ha hecho Dios, desde los vigilantes santos junto al trono hasta las amebas del mar; podrían pasarse millones de años y eternidades venideras estudiando a Dios, y ni siquiera encontrar ni tocar el borde de sus vestiduras.

Dejemos que los hombres del mundo se estanquen, pero los cristianos no. Tenemos a Dios, la fuente eterna y que se renueva sin cesar, que nunca se estanca. Nuestro error, y el que hemos cometido a lo largo de toda la historia, es pensar que somos más listos que Dios. Dios dice "Mira que no te apartes del modelo", y nosotros decimos: "Bueno, nos apartaremos un poco. Sí, estamos agradecidos por la inspiración de ese modelo. Es maravilloso contar con él, pero no creemos necesario seguirlo al pie de la letra. Si lo hacemos, nos estancaremos".

Si esto fuera cierto, el que se aleje más del patrón debería ser el más feliz y el más libre de los hombres. Pero sabemos que no es así. Si es cierto que guardar la Palabra del Señor nos ata y nos esclaviza, y repudiar la Palabra de Dios y sus mandamientos nos libera, entonces el hombre más alejado de Dios debe ser el más libre. Pero pasa exactamente lo contrario. El hombre más distante de Dios es el mayor esclavo de todos. Fíjate en el hombre que se haya alejado todo lo posible de Dios. Si el drogadicto dice: "Quiero desatar las cuerdas con que me ata Dios", se verá libre temporalmente de los mandamientos divinos, pero tendrá otro capataz peor. Ahora es esclavo de las drogas, el alcohol o lo que sea.

En la ciudad de Chicago hay hermosos parques. En la confluencia de Sixty-Seventh Street y North había un parque bonito rodeado por un seto; un seto atractivo y bien recortado que bajaba por una calle, luego otra y una tercera. Por supuesto, había accesos y puertas para poder entrar en el parque y disfrutar de él. Pero tuvieron que cortar el seto porque tras él se escondían jóvenes que sorprendían y atacaban a las mujeres. Con objeto de librarse de aquel escondite para parias morales, tuvieron que podar todo el seto para privarles de él. Aquí tenemos un ejemplo de tu hombre libre. Se ríe del modelo expuesto en el monte y los mandamientos de Cristo no significan nada para él. Es libre. Sigue sus propios deseos. Es un animal sin riendas. Sin embargo, no dejes a tu hija cerca de él.

Si fuera cierto que los cristianos son esclavos y que obedecer los mandamientos de Cristo y vivir de acuerdo con la fe de nuestros padres suponen un alto grado de esclavitud, los cristianos deberían ir esposados. Y los jóvenes rebeldes y el resto serían las personas más libres de este mundo. Lo cierto es exactamente lo contrario. Somos libres como pájaros, y el *beatnik* barbudo, con los pies en alto y restos de café expreso entre sus dientes sin cepillar es un esclavo de la opinión de la multitud *beatnik*. Dice que es un inconformista, pero como tal se conforma como un esclavo a su inconformidad.

Libres de verdad

Los cuatro Evangelios, el libro de Hechos, Romanos, las epístolas de Corintios, Gálatas, Tesalonicenses, las epístolas de Juan y todas las demás son los patrones que recibimos en el monte. "El que tiene mis mandamientos, y los guarda, ése es el que me ama; y el que me ama, será amado por mi Padre, y yo le amaré, y me manifestaré a él... El que me ama, mi palabra guardará; y mi Padre le amará, y vendremos a él, y haremos morada con él" (Jn. 14:21, 23).

El hombre a quien ha venido Dios y en cuyo corazón habita es un hombre libre, comparado con aquel que intenta ser libre por su propia cuenta. El asesino, el borracho, el drogadicto y el suicida son libres de los mandamientos de Cristo, pero son esclavos del diablo. El cristiano, según Pablo y la experiencia cristiana, se libera de la esclavitud de Satanás y se convierte en un siervo feliz de Jesucristo el Señor. Sé que hay casas en las que los criados viven mejor que los propios dueños. En el reino de Dios el siervo más humilde que trabaja lavando los platos es un hombre más feliz y más libre que el dueño de la mansión al otro lado de la calle si este no es cristiano.

Sigamos el patrón mostrado en el monte

No pido disculpas por ser cristiano. Hubo un tiempo en que observaba a los hombres con una gran educación y sentía que sabían tantas cosas que, si yo descubriera todos sus conocimientos, no podría creer en la Biblia. Sentía el deseo intelectual de descubrir lo que sabían, para comprobar si invalidaba mis creencias. Por consiguiente, leí por mi cuenta algunas cosas y descubrí que nadie sabe lo suficiente. Además, me atrevo a decir que nadie puede saber lo bastante como para invalidar una palabra de las Escrituras o demostrar que una sola frase del libro de Dios está equivocada.

Ten cuidado de seguir el modelo mostrado en el monte; allí es donde se encuentra la verdadera libertad. Escucha al mundo y te equivocarás. Escucha a los editores y a quienes piensan que deben enmendar la Palabra de Dios, cambiar la verdad y modificarla, y te equivocarás. Acabarás siendo esclavo de ti mismo, del mundo y del diablo. Sin embargo, si quieres ser libre descubrirás que la libertad radica en la obediencia a las leyes de Dios. Por lo tanto, el cristiano es libre cuando obedece a su Señor. Es el más libre de todas las criaturas, a menos que contemos a los ángeles en los cielos.

El avión que vuela allá arriba en el cielo obedece la ley de la gravedad y todo tipo de leyes aerodinámicas. A veces, cuando no tengo otra cosa que hacer mientras viajo en avión, leo los folletos que me explican cómo son los diversos motores. He descubierto que en todos los grandes aviones no hay un solo componente que esté allí por casualidad. Todo está sujeto a la obediencia a una ley, que el Dios todopoderoso ha dado al mundo material. Cuando se incumple esa ley, la máquina cae sobre un monte o al mar.

Guardar la ley nos hace libres, incumplirla nos vuelve esclavos. Lo mismo sucede con la belleza. Lo mismo pasa con las estrellas en los cielos que relumbran en lo alto. Si obedeces el modelo mostrado en el monte, serás libre y feliz, tendrás un reposo absoluto y podrás desarrollar todos los potenciales ocultos que hay en tu propia naturaleza. Pero si te niegas, si fracasas o dejas que la Palabra de Dios quede fuera de tu conocimiento, te verás sometido a una esclavitud inevitable.

Por lo que respecta a la Palabra de Dios, amémosla, vivamos en ella, comámosla y bebámosla, durmamos en ella y caminemos en ella; permanezcamos en ella, juremos por ella, vivamos por ella y descansemos en ella. Este es el libro de Dios. "Mira y hazlos conforme al modelo que te ha sido mostrado en el monte" (Éx. 25:40). Limpia tu vida. Que la inunde la armonía con Dios.

Si Moisés se hubiera encontrado a uno de sus obreros y le hubiera preguntado "¿Qué es eso de ahí?", y el obrero le hubiera respondido "No sé, estaba improvisando", Moisés le habría reprendido. "Pues llévatelo y quémalo. Sigue el modelo que nos dio Dios en el monte". Si Moisés, Pablo o cualquier otro santo bíblico viviera hoy y acudiese a nuestra iglesia típica, verían improvisar a muchas de las personas que saben que no deben hacerlo.

Decidámonos a obedecer a Dios y a hacer lo que se nos manda. Tengamos fe y creamos. No cometamos el error de mezclar ambas cosas: intentar creer lo que debemos hacer y hacer lo que debemos creer. Algunas cosas hay que hacerlas, y otras hay que creerlas.

A un creyente de los de antes le preguntaron una vez: "¿Qué es más importante, orar o leer la Palabra de Dios?". Se quedó pensativo un momento y luego dijo: "¿Cuál de las dos alas es más importante para el pájaro, la derecha o la izquierda?". Esta es la pregunta que quiero formular: ¿Qué es más importante para el cristiano, creer u obedecer? Para el gorrión que vuela por el aire, ambas alas son igual de importantes. Con una es casi imposible volar. Por lo tanto, debemos creer la Palabra de Dios y obedecerla. Con estas dos alas el creyente volará hacia Dios con fe y con una obediencia humilde al propio Señor.

El cristiano más auténtico es el cristiano más libre, y el evangelio de Jesucristo da libertad a los esclavos. Sin embargo, me dirás: "Mi experiencia con los cristianos no me ha enseñado que sean esas personas ideales que me has descrito". El motivo es que muy pocos cristianos están dispuestos a recorrer todo el camino con Dios. Recorren parte del camino y luego improvisan. Siguen al Señor hasta que las cosas se ponen un poco feas y entonces dicen: "¡Bueno, tampoco sirve de nada ponerse radicales sobre este tema y ser fanáticos! Creo que esto lo puedo razonar solo". Así que organizan una reunión de la junta y deciden lo que debió decir el Señor sobre ese tema. Por supuesto, el resultado es la tibieza, que Dios vomitará de su boca.

Volvamos al Libro. O mejor dicho, avancemos hasta el Libro, dado que estamos tan retrasados. Gracias a Dios por el Libro. Asegúrate de hacer todas las cosas según el modelo mostrado en el monte. Que tu fe se conforme a la revelación de Dios. Que tus pasos se encaminen por sus sendas. Si lo haces, Dios será enemigo de tus enemigos y adversario de tus adversarios. Y Dios cuidará de ti.

La libertad auténtica y plena se encuentra en la presencia de Dios. Seguir el modelo que Dios nos marca en su Palabra nos llevará a su presencia, donde descubriremos esta libertad. Cada generación busca algo nuevo, cuando en realidad lo que buscan es lo "otro". Esta presencia de Dios es ese "otro" que busca y anhela cada generación, aun sin saberlo.

Benditos los hijos de Dios

Joseph Humphreys (1720-?)

Benditos los hijos de Dios
que Jesús compró en la cruz,
que de la tumba les sacó
llevando su alma hasta la luz.
Ya somos parte de su hueste,
en esta vida y para siempre.

Justificados por la gracia,
disfrutan paz eterna,
y sus pecados Él borró
de Dios en la presencia;
ya somos parte de su hueste,
en esta vida y para siempre.

Tenemos comunión con Dios
por el gran sacrificio
de nuestro grande Salvador,
por gracia bendecidos.
Ya somos parte de su hueste,
en esta vida y para siempre.

8

EL CAMINO HACIA LA PRESENCIA DE DIOS

Por lo cual, éste es el pacto que haré con la casa de Israel después de aquellos días, dice el Señor: pondré mis leyes en la mente de ellos, y sobre su corazón las escribiré; y seré a ellos por Dios, y ellos me serán a mí por pueblo; y ninguno enseñará a su prójimo, ni ninguno a su hermano, diciendo: Conoce al Señor; porque todos me conocerán, desde el menor hasta el mayor de ellos. Porque seré propicio a sus injusticias, y nunca más me acordaré de sus pecados y de sus iniquidades. Al decir: Nuevo pacto, ha dado por viejo al primero; y lo que se da por viejo y se envejece, está próximo a desaparecer.

HEBREOS 8:10-13

Dios no hace nada que requiera que deshaga sus actos, ni hace nada que se contradiga a sí mismo. Dios dice explícitamente de sí mismo: "Porque yo Jehová no cambio" (Mal. 3:6). En otras palabras, todo lo que Dios hace armoniza perfectamente con todo lo que hace.

Incluso en el mundo natural vemos ejemplos de la obra armoniosa de Dios. David entendió esto cuando escribió: "Los cielos cuentan la gloria de Dios, y el firmamento anuncia la obra de sus manos" (Sal. 19:1). Dios ha organizado este mundo nuestro con gran cuidado, y cada una de sus partes se adapta a las demás.

Por consiguiente, cuando abordamos el tema de venir a la presencia de Dios, debemos entender que no tiene nada de insignificante. La importancia de entrar en la presencia de Dios se percibe en la planificación meticulosa que invirtió en ella.

Encontraremos armonía y coherencia en el camino que lleva a la presencia de Dios.

El modo en que se plasma la presencia de Dios en el Antiguo Testamento fue provisional hasta la época en que se reveló el Nuevo Testamento. Las instrucciones del Antiguo Testamento eran parecidas al andamio que se erige cuando se levanta un edificio. Cuando el edificio está concluido, el andamio se desmonta. La ley del Antiguo Testamento fue el andamio provisional hasta el momento de la revelación del Nuevo Testamento de Cristo. Cuando lo nuevo y anticipado vino, lo antiguo ya no fue necesario y quedó atrás.

En el Antiguo Testamento podemos empezar con el altar de Abraham, pasar al tabernáculo de Moisés en el desierto y luego al templo de Salomón con toda su magnificencia. Podemos seguir esta progresión con gran deleite, pero debemos ser conscientes de que no eran más que un andamio que preparaba el camino para algo más grande. El escritor de Hebreos nos dice que Cristo es ese ser superior.

En el Antiguo Testamento todo nos impulsa hacia el premio, que es Cristo, el cumplimiento de toda profecía veterotestamentaria. Cada promesa fue un tablón en el andamio, que permitió a Dios acercarnos más a su presencia. Y una vez alcanzamos el destino, el andamio ya no fue necesario.

Esta mirada retrospectiva al pacto del Antiguo Testamento sirve para aguzar nuestra apreciación de la revelación neotestamentaria de Jesucristo. ¡Y qué revelación más gloriosa es Él! A la pregunta de "¿Qué dispuso Dios?", respondemos sencillamente: "A Jesucristo".

Lo que revela el antiguo pacto

Para apreciar lo que significa el nuevo pacto para nosotros como creyentes, hemos de examinar cuidadosamente el antiguo pacto. Cuando lo hagamos, descubriremos ciertas cosas.

Quede claro que con "la ley" no me refiero únicamente a los Diez Mandamientos. Sin duda que estos formaban parte de ella, pero fueron dados como parte de una ley más amplia, que incluía el sacrificio, el sacerdocio y los altares, con la sangre de corderos, animales, toros y machos cabríos. Cuando hablamos de la ley todo esto está incluido.

Por buena que fuera la ley del Antiguo Testamento, y era justa y buena en la mejor definición de estas palabras, tenía una debilidad. El punto débil de la ley del Antiguo Testamento tenía que ver con su localización. Con esto quiero decir que todo lo relacionado con la ley se centraba en el exterior, nunca en el interior. La Biblia enseña claramente que la conducta y el carácter de una persona nacen de su interior. Lo que importa es "lo que sale del hombre", como dijo Jesús.

El punto débil de la ley del Antiguo Testamento era que no podía tratar las motivaciones en la vida de las personas. Se centraba sobre todo en las palabras "no harás" y "harás". La historia ha demostrado que no se puede transformar a una persona legislando sobre sus actos. Solo se puede legislar sobre la conducta, pero esto nunca puede penetrar en la persona para afectar a sus motivaciones.

El antiguo pacto era imperfecto por propia naturaleza, temporal en su continuidad e inadecuado en su efecto. En este sentido, el antiguo pacto señalaba a algo más allá de sí mismo.

Lo que implanta el nuevo pacto

A lo largo de todo el Antiguo Testamento Dios prometió imprimir a la santidad un sesgo moral interno. Prometió un nuevo pacto que sustituiría permanentemente al antiguo, que era temporal. Y según sostiene el escritor de Hebreos, si queremos tener un pacto nuevo, primero tenemos que considerar obsoleto el antiguo.

Lo que no podía hacer el antiguo pacto debido a su debilidad lo consiguió el nuevo pacto en Cristo, y sigue haciéndolo. Lo que hace este nuevo pacto es implantar en el corazón del hombre una nueva naturaleza, impulsándole a actuar en justicia. Su conducta ya no está dirigida por una ley exterior, sino por la ley interior de Cristo. Esta fue la promesa contenida en el antiguo pacto. "Pero éste es el pacto que haré con la casa de Israel después de aquellos días, dice Jehová: Daré mi ley en su mente, y la escribiré en su corazón; y yo seré a ellos por Dios, y ellos me serán por pueblo" (Jer. 31:33). Por consiguiente, en el corazón del hombre redimido por la sangre de Cristo hay algo que le impulsa a hacer lo correcto.

De lo que hablo es de la naturaleza del hombre redimido. El cristiano tiene instintos en su interior que no se encuentran en el hombre que no es salvo. Sé que las palabras "naturaleza" e "instinto" tienen mala fama en algunos círculos de eruditos e intelectuales extremos. Aunque se niegan a usar estos términos, al menos están dispuestos a decir que en el ser humano hay algo, un factor "natural" en la conducta. Es decir, que existe un factor intrínseco, interno, en la conducta de cada persona.

Esto queda muy bien ilustrado en el mundo natural. Allá en la granja solíamos criar pollos. Mi madre siempre tenía un buen puñado de gallinas para que pusieran huevos. Tenía lo que ella llamaba "una gallina ponedora", y esperaba con ganas el momento en que salieran del huevo todos los pollitos. Yo me di cuenta de que cada vez que uno de aquellos pollitos salía del cascarón se ponía actuar como un pollito. Dentro de él había algo que le inducía a comportarse de determinada manera. En cuanto salían del huevo se ponían a escarbar en la tierra, a pesar de que nunca en su vida habían visto hacerlo a otro pollo. Escarbaban movidos por algún factor nativo que les impulsaba a hacer cosas que no dependían de ninguna experiencia anterior. La gallina madre no les enseñaba a hacerlo. Era algo que salía de ellos de forma natural. Poseían el instinto de los pollitos.

En la granja mi padre criaba cerdos además de gallinas. Y lo interesante de aquellos cerdos era que, cuando nacían, actuaban como cerdos, nunca como pollitos, a pesar de vivir en la misma granja. Tanto los pollos como los cerdos llevaban dentro algo a lo que llamaré "el factor natural" de la conducta, que les hacía actuar como lo que eran. Un pollo actuará siempre como un pollo, y un cerdo lo hará como un cerdo.

Es esta tendencia a la acción lo que conduce a un fin. En los animales, las aves, los gusanos y todos los demás seres vivos es ese factor desconocido que impulsa a cada criatura a actuar como lo que es.

Admito que esta conducta se puede modificar mediante presiones externas. Visita un circo en cualquier ciudad y verás animales que actúan contrariamente a lo que les dicta su naturaleza. Podrás ver, quizá, a un monito vestido con traje y un sombrero rojo que imita los gestos de un hombre. Pero por dentro es un mono. Puedes cambiarlo por fuera, pero de ninguna manera podrás eliminar ese factor desconocido que le impele a actuar como lo que es. En cuanto el pequeño mono se quede a solas o se reúna con otros monos actuará como lo que es. Temporalmente, las fuerzas externas pueden convencer a los animales de que actúen como lo que no son, pero cuando se les deja solos automáticamente retoman su naturaleza.

Por supuesto, esto tiene consecuencias en la Iglesia. La Iglesia es famosa por usar presiones externas para hacer que un pecador actúe como un cristiano. Puedes enseñar prácticamente a cualquier persona a que haga casi de todo. Bautízale, confírmale y dale la Cena del Señor regularmente; instrúyele en la fe, y al cabo de un tiempo empezará a actuar como un cristiano. No lo es, porque no tiene ese factor interno que le induce a seguir la justicia y la verdadera santidad. La presión externa le hace parecerse a un cristiano actuando como tal. Sin embargo, cuando se aleja de esa presión vuelve a actuar como es en realidad, un pecador. Su instinto le lleva siempre al pecado.

Para dejar esto totalmente claro, veamos dos extremos. Tomemos al primer arcángel en el himno de Isaac Watts "Poder eterno, que mora en lo alto":

> Allí, mientras canta el arcángel primero,
> oculta el rostro entre sus alas,
> y los tronos relucientes a su lado
> se postran en la tierra, adorando.

Comparemos a ese primer arcángel con el viejo diablo, al que se le llama "dragón" y "Satanás". Sería difícil encontrar dos criaturas que estén más distantes moralmente que estas dos. Las dos llevan en su interior un factor desconocido que les dice que actúen como lo que son. El arcángel actúa instintivamente como un arcángel, y Satanás siempre actúa como lo que es.

Lo único que puedo decir a favor de Satanás es que siempre actúa como lo que es. Cuando engaña, actúa como un diablo; actúa conforme a su naturaleza. ¿Recuerdas lo que dijo Jesús sobre algunos judíos que le perseguían? "Sois de vuestro padre el diablo" (Jn. 8:44).

Cuando el arcángel actúa como tal, no actúa porque le hayan formado para hacerlo. Actúa desde dentro. Algo dentro de su ser le impulsa a actuar como un arcángel, y no se resiste a ello. Desea hacer como el pollito que no se resiste a la tentación de escarbar; escarba porque algo que lleva dentro le impele a escarbar la tierra. Por lo tanto el arcángel no se compara con otro y dice "Tengo que actuar como un arcángel". Actúa como arcángel porque lo es.

Esto suscita la vieja pregunta que la Iglesia ha debatido desde tiempos inmemoriales. El pecador, ¿peca porque es pecador o es pecador porque peca? Las dos opciones son correctas. Podemos dar vueltas al círculo teológico hasta que por la gracia de Dios escapemos de él y ya no seamos pecadores. Por consiguiente, el pecador es alguien que peca, pero peca porque es pecador. Cuando peca, no hace más que actuar como lo que es.

El logro excelso del Nuevo Testamento es que implanta en el corazón del hombre que cree un factor desconocido que le impulsa a actuar con justicia y santidad.

El nacimiento supera a la formación

La pregunta que quiero que te plantees no es otra que la siguiente: ¿Qué es más importante, el nacimiento o la formación? Ya he sugerido lo que puede y lo que no puede hacer la formación. Por lo tanto, el asunto se reduce a esto: la naturaleza que tenemos es aquella con la que nacimos. La formación puede llegar hasta cierto punto, pero el nacimiento, sobre todo el nuevo nacimiento, establece la verdadera naturaleza. Y esta es la diferencia entre lo que llamo "iglesianismo denominacional" y verdadero cristianismo. Cada semana formamos a personas para que sean buenos feligreses. Pero cuando se las deja solas, recaen en su auténtica naturaleza y actúan como son. Se las ha formado para que los domingos actúen como buenos cristianos, pero no es más que una representación. El resto de la semana, por naturaleza, actúan de acuerdo con lo que son.

Había gente que cantaba los himnos de Israel sin ser israelitas. Y hoy día hay gente que canta los himnos de la Iglesia sin ser verdaderos cristianos. Porque, una vez que concluye el himno, la verdadera naturaleza se vuelve a imponer.

Me dirás: "¿Y qué derecho tienes para excluir a personas de la Iglesia, con semejante actitud farisaica?". Yo no tengo derecho de hacer nada. Pero, bajo la gracia de Dios y por la autoridad que me ha concedido el Señor Jesucristo, tengo esta comisión: trazar la línea entre quién sirve a Dios y quién no le sirve. Y me atrevo a plantarme y decir en su nombre que, a menos que una persona nazca de nuevo, no puede entrar en el reino de Dios. Y ningún grado de formación o de énfasis religioso podrá sustituir esto.

En cada persona debe cambiar algo en su interior. A esto lo llamamos el nuevo nacimiento. Lo llamamos regeneración. Da igual cómo lo llamemos, en el espíritu humano tiene que implantarse algo que impulse la conducta correcta. Tienes que ser regenerado, porque fuiste mal generado. A ese "factor desconocido" Dios lo llama "mi ley". Dijo: "Pondré mis leyes en la mente de ellos, y sobre su corazón las escribiré; y seré a ellos por Dios, y ellos me serán a mí por pueblo" (He. 8:10). Ahí es donde lo recibimos. Un cristiano es una persona que tiene las leyes de Dios inscritas en su corazón, en el centro motivador de su vida. Eso es un cristiano. No hay ninguna otra calificación.

Junto con este nuevo nacimiento, esta regeneración, viene un instinto que no necesita ninguna presión exterior para actuar.

La liberación del factor salvaje

En nuestra iglesia tuvimos una vez a un carpintero que se acababa de convertir a Cristo. Un día, cuando estaba trabajando dando martillazos, en lugar de acertarle al clavo le dio al dedo y soltó un alarido; el aire resonó con determinadas expresiones que hubieran puesto de punta los pelos de un arcángel. Sorprendió a todo el mundo cuando no cayó de rodillas confesando su pecado. Se limitó a sonreír y dijo: "Gloria a Dios".

A algunas personas les resultó un tanto extraño, pero no lo es. Para mi amigo el carpintero recientemente convertido, su vieja vida ya quedó atrás. Sí, es verdad que le vinieron a los labios sus palabras malsonantes, pero no fueron más que un reflejo. Eran su vieja costumbre, y por un segundo recayó en ella. Sin embargo, Dios sabía que no lo decía en serio. En lugar de quedar en mala posición (hablando espiritualmente) alabó a Dios por haber sido librado de aquella antigua vida. El reflejo estaba allí, pero algo más profundo lo estaba sustituyendo. A veces tarda un tiempo, pero mi amigo carpintero sabía que en otro momento de su vida habría soltado sapos y culebras por la boca sin haberle dado más importancia. Pero ahora las cosas eran distintas.

El nuevo nacimiento cambia las cosas en el interior. A veces hace falta un tiempo para que se manifiesten en el exterior. El apóstol Pablo entendía esto perfectamente cuando escribió: "Ocupaos en vuestra salvación con temor y temblor" (Fil. 2:12). El propósito esencial del nuevo nacimiento es derrotar y destruir dentro del corazón humano a la vieja naturaleza, o el factor salvaje. Nuestra liberación de este factor salvaje viene de dentro, y no consiste solamente en intentar contenerlo y controlarlo mediante presiones externas.

El Nuevo Testamento enseña la presencia de factores en conflicto dentro de la vida del cristiano. Hay factores en conflicto que en ocasiones le vencen: la debilidad de la carne y la influencia del mundo; la lascivia y las viejas costumbres. En el séptimo capítulo de Romanos vemos un ejemplo clásico de un hombre santo que a veces sentía un elemento interno que le impulsaba a ser impío, y exclamó: "¡Miserable de mí! ¿quién me librará de este cuerpo de muerte?" (Ro. 7:24). En el capítulo ocho pasó a mostrar la provisión que le dio Dios para librarle de esos factores salvajes que hay en nosotros, factores a los que llamamos "la carne" o "carnalidad" o "el viejo hombre". Se los conoce por muchos nombres.

Gracias a Dios, podemos gozar de una liberación completa de la vieja naturaleza y los viejos instintos y ese antiguo modo de vivir. ¡He aquí, la nueva naturaleza viene!

Lo que es el viejo hombre y lo que es de Dios

En el libro de Hebreos leemos: "Y ninguno enseñará a su prójimo, ni ninguno a su hermano, diciendo: Conoce al Señor; porque todos me conocerán, desde el menor hasta el mayor de ellos. Porque seré propicio a sus injusticias, y nunca más me acordaré de sus pecados y de sus iniquidades" (He. 8:11-12). La pregunta es: ¿se puede enseñar la religión?

Quiero que todo el mundo sepa que yo creo, sin ninguna duda, en la enseñanza religiosa, si entendemos lo que queremos decir con esto. Creo que es importante que se enseñe doctrina y ética. Creo que a nuestros niños deberían enseñarles en la escuela dominical las cosas de Dios, las Escrituras y lo que enseña la Biblia. Todo esto es bueno y hay que hacerlo. Es necesario enseñar a nuestros hijos lo que dice la Biblia acerca de "obedecer a sus padres, no mentir y no robar". Hay muchas cosas que podemos enseñar a nuestros hijos.

Pero el grave error al que se enfrenta hoy la Iglesia es su creencia de que la salvación se puede enseñar. Reúnete con una persona o junta a un grupo de ellas y enséñales lo que dice la Biblia, preguntándoles si lo creen, si lo aceptan y todo eso. Cuando todo el mundo asienta con la cabeza, les hacemos creer que ahora han nacido de nuevo.

Lo que debemos enseñar es que la salvación tiene lugar en la vida de una persona porque cree la doctrina que ha escuchado. Todo el mundo puede superar un examen y recitar el catecismo de un extremo a otro sin saltarse una sola letra, y aun así no ser cristiano. Es imposible convertir a una persona en cristiana por medio de la enseñanza. Sin embargo, puedes instarla a querer ser cristiana. Puedes mostrarle cómo serlo. Y, cuando se haya convertido al cristianismo, puedes enseñarle, como dijo Jesús: "Os he dicho estas cosas estando con vosotros" (Jn. 14:25). Pero no la puedes volver cristiana a base de enseñanzas.

La vida no se puede crear mediante el acto de la enseñanza. Nadie ha descubierto jamás el currículum que pueda traer a un bebé al mundo. Los bebés nacen de la vida. Pero, después de que nazca un bebé, puedes empezar a enseñarle y con el tiempo enviarle a la universidad, donde podrá aprender lo que necesite. Pero el asunto crucial es que tienes que partir de la vida.

Lo que a menudo me pregunto es cuántos cristianos hay en el mundo que lo son solo por instrucción, educación religiosa o porque alguien les ha manipulado sumergiéndoles en una pila bautismal o rociándoles agua.

¿Cuántas de esas personas vienen a la iglesia todos los domingos, participan en los cultos dominicales y aun así no se les conoce por ser cristianas, porque fuera de la iglesia no actúan como tales? Son cristianas por admisión, manipulación o instrucción, no por regeneración.

La salvación implanta en el corazón humano un factor desconocido para ayudar a la persona a ser santa. El verdadero cristiano clama al Padre por impulso del Espíritu Santo y no pide que nadie le enseñe. A este nuevo cristiano nadie le dice: «Repite después de mí "Abba, Padre"». Ese cristiano dice "Abba, Padre" porque el Espíritu del Hijo, en su corazón, le impele a hacerlo.

Aquí es cuando debemos entender qué es del hombre y qué es realmente de Dios. Lo que es del hombre utiliza la manipulación, la presión externa y la enseñanza para hacer que una persona haga lo que debería hacer. Pero lo que usa Dios es la implantación de una nueva naturaleza en el corazón de la persona, induciéndola instintivamente a vivir como un cristiano. La impulsa a buscar de forma natural la justicia y la verdadera santidad.

En la esencia de esta nueva naturaleza hallamos la inspiración de conocer a Dios y experimentar su presencia en la vida cotidiana. El escritor anónimo del libro *La nube del no saber* enfatiza esta verdad. Dice: "La máxima perfección del hombre es la unión con Dios en un amor consumado, un destino tal alto y tan puro en sí mismo, y tan distante del pensamiento humano, que no se puede conocer o imaginar como realmente es".

El camino a la presencia de Dios ya ha sido allanado para

nosotros, empezando en el Antiguo Testamento. Este nunca promete nada que el Nuevo Testamento no cumpla. Por lo tanto, el propósito del Antiguo Testamento es guiarnos a la verdad de quién es Jesucristo realmente.

Al contemplar el pasado, remontándonos al principio, al jardín de Edén, descubriremos que Dios no ha reparado en gastos para pavimentarnos ese camino. El propósito de Dios, desde el mismo principio de la creación, se cumple en el corazón regenerado de cada creyente que ahora puede gozar de la presencia manifiesta y consciente del Dios vivo. El camino hacia la presencia de Dios es el deleite de los redimidos. Es su punto de partida natural.

La página sagrada

William Cowper (1731-1800)

La página sagrada es
brillante como el sol;
aporta luz a todo ser:
su luz jamás falló.

El Dios que la otorgó nos da
por gracia luz y vida;
cual astro se alza su verdad,
brillante sin medida.

La gloria eterna es para ti
por tanta maravilla;
pues las tinieblas no podrán
ahogar gloria divina.

Mi alma se goza al contemplar
los pasos del que ama,
hasta que pueda al fin mirar
tu rostro en plena calma.

9

Disfrutemos de la presencia de Dios manifiesta y consciente

Pero estando ya presente Cristo, sumo sacerdote de los bienes venideros, por el más amplio y más perfecto tabernáculo, no hecho de manos, es decir, no de esta creación, y no por sangre de machos cabríos ni de becerros, sino por su propia sangre, entró una vez para siempre en el Lugar Santísimo, habiendo obtenido eterna redención. Porque si la sangre de los toros y de los machos cabríos, y las cenizas de la becerra rociadas a los inmundos, santifican para la purificación de la carne, ¿cuánto más la sangre de Cristo, el cual mediante el Espíritu eterno se ofreció a sí mismo sin mancha a Dios, limpiará vuestras conciencias de obras muertas para que sirváis al Dios vivo?

Hebreos 9:11-14

El propósito pleno de nuestra salvación es que disfrutemos de la presencia manifiesta y consciente de Dios tanto como Él disfruta de la nuestra. Cuando disfrutamos de la presencia consciente de Dios cumplimos los objetivos de nuestra salvación. El propósito de nuestra redención es llevarnos a una relación correcta con Dios para que Él nos introduzca en una relación consciente consigo mismo.

El hombre, a diferencia de cualquier otra creación de Dios, fue el único ser creado para experimentar a Dios. No conocer a

Dios y tener intimidad con Él supone negar nuestro propósito central. Allá en el jardín del Edén, antes de la caída del hombre, Dios no descendía en medio del frescor de la tarde para tener comunión con las aves, los ciervos y las flores. Acudía para tener comunión con Adán y Eva.

Debo señalar que en las Escrituras existen determinadas verdades básicas que sirven de fundamento a otras verdades. Si no comprendemos estas verdades básicas, las demás se convierten en una mera caricatura y pierden su importancia en nuestra vida. Ninguna verdad se sustenta por sí sola, sino que siempre tiene relación con otras verdades de la Palabra de Dios. Es en este punto donde comienza a desarrollarse la herejía, cuando los hombres divorcian una verdad de otra. Una vez comprendemos la verdad básica, fundamental, de la Palabra de Dios, podemos empezar a entender el resto de lo que nos enseña la Biblia. Esto de lo que estoy hablando ahora es una de esas verdades básicas: que Dios nos hizo para sí de manera que le conociésemos, viviésemos con Él y disfrutásemos de Él para siempre.

A pesar de esto, la raza humana ha sido culpable de rebelión. Los hombres han roto su relación con Dios, y la Biblia enseña que estamos todos alienados de Él. Es decir, que nosotros, la raza humana, somos ajenos a Él. Hemos dejado de amarle, ya no confiamos en Él ni disfrutamos de su presencia.

La rebelión de la raza humana no ha alterado en lo más mínimo esta verdad básica de la Palabra de Dios. Desde Génesis hasta Apocalipsis vemos cómo se desarrolla la redención. Algunos han señalado acertadamente que esta "hebra roja" recorre todas las Escrituras de principio a fin. En el libro de Apocalipsis, esto se nos explica de este modo: "y la adoraron todos los moradores de la tierra cuyos nombres no estaban escritos en el libro de la vida del Cordero que fue inmolado desde el principio del mundo" (Ap. 13:8). Debemos meditar en esta gran verdad: que antes de que fuese creada la humanidad, antes de que el hombre se rebelara contra Dios, ya se estableció la redención. La redención simplemente nos devuelve a la comunión íntima con Dios. Esta comunión reporta determinados frutos.

Dado que soy una persona y Dios también lo es, creo que podemos tener una interacción personal con Dios; la interacción entre una persona y otra en amor, fe y conversación; podemos hablar y que nos respondan. No demostramos tener una gran fe si vivimos nuestras vidas solemnemente, tristes, apretando los dientes y con frialdad, diciendo "Creo" y sin dejar que Dios responda a nuestra fe. Siempre debería haber una respuesta.

Sé que hay momentos en los que caminamos por fe y no por vista. Nunca caminamos por vista, pero a veces caminamos por fe cuando Dios, por su propia bondad, ha ocultado su rostro de nosotros durante un instante. Pero Él dijo: "con un poco de ira escondí mi rostro de ti por un momento; pero con misericordia eterna tendré compasión de ti" (Is. 54:8).

Debemos tener de nuevo esa presencia. Hemos de aprender a vivir de nuevo en esa presencia: la presencia manifiesta y consciente de Dios.

La relación consciente con Dios

La diferencia entre el avivamiento y cualquier otro estado espiritual es que la Iglesia puede conocer la presencia manifiesta de Dios. Puede resultar difícil comprender que Dios está con la peor iglesia de la ciudad. Con esto quiero decir que Dios está presente en ella. "¿A dónde me iré de tu Espíritu? ¿Y a dónde huiré de tu presencia?... Si en el Seol hiciere mi estrado, he aquí, allí tú estás" (Sal. 139:7-8). La diferencia radica en la manifestación divina. Cuando peor es la iglesia menos evidente será la manifestación de Dios. Y cuanto mejor sea la iglesia, mayor será su manifestación. Nuestro objetivo consiste en experimentar su manifestación gloriosa cuando nos reunimos para adorar a Dios.

Cada iglesia tiene su propia atmósfera. En algunas encontrarás las vidrieras de colores, una música hermosa e incluso un tono de voz sonoro del predicador. Todo esto se une para crear ciertos sentidos de presencia. Puede que sientas esa presencia, pero sin ser necesariamente consciente de la presencia de Dios. De hecho, gran parte de esta atmósfera impide que la persona experimente la verdadera presencia de Dios.

¿Cuántas personas van a la iglesia el domingo por la mañana, se exponen a la atmósfera y salen de la iglesia sintiéndose muy bien consigo mismas aunque no han experimentado la presencia manifiesta de Dios? Las iglesias liberales siempre hablan de lo agradable que es decirle "Hola" a nuestro Padre celestial y luego cantar sobre el hecho de que este mundo pertenece a nuestro Padre, que todas las estrellas le cantan y que las flores anuncian su presencia. Todo suena estupendo e inspirador. Pero el hecho claro es que el hombre y Dios son enemigos hasta que haya mediado la reconciliación gracias a un sacrificio que satisfaga a Dios.

Tal y como he venido señalando, lo más natural para una persona es tener relación con Dios, una relación que es vital e íntima en todas sus facetas. Lo que destruye este objetivo es la rebelión humana contra Dios. ¿Cómo rectifica Él esto? Para empezar, hizo lo que llamamos "la obra de redención". El propósito primario de esta obra es efectuar la reconciliación con Él; devolvernos al lugar al que pertenecemos, ese lugar que hemos sido creados para ocupar.

Como ilustración de esto tomemos a Caín y Abel. No es que Caín fuera mala persona y Abel fuera un buen hombre. De hecho, los dos eran malos. Abel sabía que era malo, pero Caín negaba esa verdad y actuaba como si fuera bueno. Hubiera encajado perfectamente en la mayoría de las iglesias liberales modernas. Manifestaba una actitud irrespetuosa respecto a su relación con Dios. En cambio, Abel se acercaba a Dios humildemente y, trayendo un sacrificio, levantaba los ojos al cielo y decía: "Señor, no soy digno".

Abel complacía a Dios no porque fuera un buen hombre, porque no lo era. Pero Abel ocupaba el lugar de un hombre malo en la presencia del Dios santo. Por otro lado, Caín no complacía a Dios, no porque fuera peor que Abel (los dos eran pecadores y habían nacido de los mismos padres), sino porque daba por hecho que era buena persona aun estando equivocado. Pensaba que nada se interponía entre él y Dios; pero Abel sabía que no era así. Esa es la diferencia.

El propósito central por el que Dios nos lleva a una relación correcta con Él es que entremos en una relación consciente con su persona, de modo que seamos conscientes de Dios y Él lo sea de nosotros.

El plan de Dios para encontrarse con nosotros

Creo que si el apóstol Pablo estuviera vivo, le echarían de todas las ciudades en las que predicara. El mensaje de Pablo consistía sencillamente en decir a las personas que eran pecadoras, que estaban sin esperanza y sin Dios en el mundo, y que en ellas obraba el espíritu de desobediencia. Este no es el mensaje que el mundo quiere escuchar hoy. Y, sin embargo, hasta que las personas adopten este punto de vista nunca entrarán en el plan de Dios para reunirse con ellas.

Hasta que las personas se convierten a Jesús, están fuera del plan divino para mantener comunión con Él. Están sin esperanza, pecadores fuera del muro; compran, gastan, se casan y se dan en casamiento; edifican, plantan, siembran, cosechan, derriban y construyen; engendran a otros como ellos y al final mueren. Pueden pasarse toda la vida sin preocuparse mucho por Dios, excepto cuando dan discursos políticos o cuando les conviene usarlo para sus propósitos.

Dios tiene organizado un plan para superar todo esto y que tengamos comunión con Él. Para entenderlo, debemos remontarnos de nuevo al Antiguo Testamento. En este encontramos una imagen hermosa del plan de Dios para encontrarse con nosotros. El problema que surge una y otra vez es que, debido a quién es Dios y quiénes somos nosotros, no puede celebrarse ese encuentro. Pero Dios toma la iniciativa en allanar el camino, de modo que pueda reunirse con nosotros y nosotros con Él, disfrutando de su presencia para siempre.

La imagen de esto es el tabernáculo del Antiguo Testamento. Es una ilustración hermosa de cómo Dios quiere penetrar en nuestro mundo para que nosotros entremos en el suyo. El tabernáculo era una estructura alargada con paredes de madera de acacia, cubierta por un techo, y parte de la cual estaba elaborada con pieles de animales. En este tabernáculo veterotestamentario podemos ver cómo se desarrollaron meticulosamente los planes de Dios para alcanzar su meta: la comunión con nosotros.

Déjame que desglose algunos de los aspectos de aquel tabernáculo del Antiguo Testamento que ilustran esta verdad maravillosa.

El patio exterior

Cuando observamos el tabernáculo del Antiguo Testamento, lo primero que nos llama la atención es el patio exterior. Estaba situado fuera del tabernáculo en sí. A menudo se le llamaba el patio de los gentiles. Esto se refiere a las personas interesadas por la religión, pero que mantienen una distancia respecto a Dios. Quieren asociarse con la religión por los beneficios que les proporciona, pero es evidente que no quieren que la religión les suponga ninguna incomodidad.

Las personas llegaban hasta el patio de los gentiles pero no hacían lo necesario para poder entrar en el recinto interior, donde se manifestaba la presencia de Dios. Hoy día hay muchas personas así. Los únicos momentos en que visitan una iglesia es cuando nace un niño, cuando alguien se casa o cuando fallece. Alguien comentó una vez, con cierto cinismo, que las personas solo van a la iglesia tres veces en su vida. La primera vez les echan agua sobre la cabeza, la segunda arroz y la tercera tierra. Esto parece aplicable a la mayoría de personas hoy en día.

De modo que el patio exterior representa a las personas que solo quieren tener una relación informal con la religión, pero no recorrer todo el camino.

El patio interior

Luego tenemos el patio interior. Este consistía en dos elementos: un altar y un lavatorio. El altar era grande, de bronce, nada atractivo. Era una especie de horno sin su parte superior, con una rejilla en el fondo. Los animales eran colocados en aquel altar, con una hoguera debajo, de modo que se consumían entre nubes de humo. Eso era el altar. Allí se ofrecían los corderos, los animales, las terneras y las demás víctimas. No creo que aquella parte del tabernáculo fuera un lugar agradable, ni creo que el trabajo del sacerdote fuera divertido.

Hay personas que quieren presentar la religión como un asunto hermoso, todo flores y pajaritos. Son muy creativas cuando elaboran sus expresiones artísticas de la religión. Tenemos las vidrieras de colores, los cuadros hermosos y poesías a montones; todo ello es un esfuerzo por presentar la religión como algo hermoso y artístico.

Esas mismas personas acusan al cristianismo de ser una "religión de matadero". El altar en el tabernáculo no era una visión pintoresca, sino más bien terrible, con la sangre y las moscas a su alrededor, y un hedor casi insoportable. Debió ser un lugar muy desagradable y espantoso. Estas personas tan artísticas rechazan la carnicería que rodeaba al altar. Para ellas, la religión debe ser algo bonito, atractivo, inspirador y positivo, sin sacrificios. Y aquí es donde encontramos el problema. Creen en una religión sin sacrificios. La religión sin sacrificios deja al hombre sumido en sus pecados, separándole de toda comunión con Dios. Hoy día muchos aceptan un cristianismo sin cruz, que en realidad no es cristianismo en absoluto.

Por desagradable y temible que fuera el altar, hay otro lugar que a mí me parece todavía peor. Ese lugar es el infierno. Las Escrituras nos enseñan que si una persona no es redimida por la sangre del Señor Jesucristo, que ha sido el único sacrificio aceptable a Dios, pasará sin duda la eternidad en el infierno. Cuando las personas endulzan el cristianismo, lo presentan todo muy bien arreglado y agradable y le quitan el componente del matadero, lo que han hecho en realidad es quitar la cruz.

La crucifixión de un hombre en una cruz situada en las colinas a las afueras de Jerusalén debió ser repelente. No hay manera alguna de pintar de color de rosa la crucifixión de Jesucristo. De la misma manera que el altar en el tabernáculo del Antiguo Testamento era un lugar sangriento y desagradable, la cruz de Jesucristo lo fue en todas y cada una de sus facetas. Pero el altar del tabernáculo en el Antiguo Testamento presagió la cruz de Jesucristo, apuntando al único sacrificio aceptable para Dios. Eliminar la reprensión de la cruz supone deshacer el remedio divino para la rebelión humana. Pero en el atrio interior no solo estaba el altar, sino también una fuente de bronce.

Cuando uno entraba en el atrio interior, lo primero que se encontraba era el altar. Allí se ofrecía el sacrificio, moría el cordero. Una vez pasaba de largo el altar, con su hedor y su sangre, llegaba a la fuente. Esta fuente estaba llena de agua, y todo se podía lavar en ella. Yo sugeriría, respetuosamente, que esa fuente parecía como un enorme bol de ponche lleno de agua. Y allí se lavaban, como si Dios dijera: "Primero habrán de pasar por la cruz y la sangre, por el altar y la fuente, por el cordero que murió y por el lavamiento del agua por la Palabra".

Admito que a primera vista el patio interior no es una visión muy agradable. Pero hay que tener en cuenta que este pecado y esta rebelión en el corazón humano, que requerían el sacrificio del Hijo de Dios, tampoco son plato de buen gusto. Por horribles que sean la rebelión y el pecado de la humanidad, el remedio es igual de maravilloso, de suficiente, el sacrificio del Cordero de Dios que quita el pecado del mundo.

Dentro del lugar santo

Una vez la persona atravesaba el patio interior, llegaba a otra estancia. Ese era el punto máximo al que podían llegar los visitantes. La estancia estaba cerrada por un velo, y nadie podía cruzarlo excepto el sacerdote. Los adoradores podían llegar adonde estaban el altar y la fuente de bronce, y después de haber pasado por la cruz y por el lavado llegaban al lugar santo. A menos que un hombre nazca de nuevo, no puede ver el reino de Dios. A menos que se arrepienta, no puede ver el reino de Dios, ese lugar santo. Aquel era el privilegio del que disfrutaban entonces. Y en aquel lugar santo había tres muebles. Uno de ellos era un candelero para iluminar. Tenía siete brazos. El otro era el pan de la proposición, una mesita con panes. Y el tercero era un altar de incienso.

La luz del mundo

No es difícil entender lo que significa todo esto. Creo que la Iglesia universal está de acuerdo en que aquella luz era la del Espíritu Santo que enciende toda persona que entra en este mundo. "Yo soy la luz del mundo, y cuando hayas pasado por la cruz y te hayas lavado, entonces tendrás luz", dice el Espíritu Santo. Al darnos esta pequeña lección con objetos didácticos, nos dice que puedes recibir su luz. La luz del mundo es Jesús, y la luz del Espíritu Santo que brilla en Él, el espíritu séptuple, que hizo la luz.

El pan de vida

En la mesa descansaban los panes de la proposición. ¡Oh, el pan de la proposición! Creo que es maravilloso. Jesús estaba allí, invisible, pero alimentando a su pueblo con el pan de su presencia. El sexto capítulo de Juan nos habla de esto. Ellos dijeron "Nuestros padres comieron del pan". Jesús dijo: "Sí, pero el pan que comieron sus padres solo fue temporal. Yo he venido para que tengan pan y para que, si comen de él, no mueran nunca". Y ellos dijeron: "¡Danos de ese pan!", y Él repuso: "Yo soy el pan de vida". Muchos se dieron la vuelta y se marcharon. No podían aceptarlo. Era demasiado doctrinal, demasiado tajante.

Si hubiera sido un predicador el que dijera estas cosas, habrían dicho: "Amamos a nuestro hermano, pero vamos a librarnos de él. Creemos que es demasiado fuerte decir que Jesús es pan". A pesar de todo, esto es lo que dice el Antiguo Testamento, tanto usando una figura como en palabras. Lo repite en un lenguaje inequívoco el Nuevo Testamento. Y la Iglesia lo ha aceptado, al menos nominalmente, a lo largo de los siglos, porque tenemos nuestro culto de la Santa Cena y tomamos el pan de la proposición, mientras la luz del Espíritu Santo brilla alrededor de nosotros.

El altar de incienso

Luego tenemos el altar del incienso. ¿Qué era eso? Se depositaba incienso de olor fragante sobre el altar y se le prendía fuego, lo cual llenaba la estancia pequeña de una fragancia dulce, un símbolo de la oración. ¿No es una imagen hermosa?

Para mí, esto es lo que debería ser la iglesia local, un lugar iluminado por la luz de la Palabra derramada por el Espíritu Santo, donde nos reunimos para tomar del pan de vida, no solo el domingo de la Santa Cena, que lo pone de relieve, sino en todo momento, cada domingo.

Es el lugar donde el altar del incienso envía hacia lo alto sus dulces espirales de perfume fragante, dulce para Dios y agradable para Él, y donde el sonido de las oraciones es como música para sus oídos. Es la visión de un pueblo iluminado, reunido en torno a lo que agrada a los ojos de Dios. Este es el tipo de iglesia que me interesa.

La luz mortecina, el pan rancio, el incienso inodoro

Justo ahora quiero decir algo que sin duda me pondrá en la lista negra de las opiniones cristianas populares. Pero voy a decirlo igualmente. No creo que la iglesia sea un lugar donde entretenerse. Una vez dicho esto, déjame que te explique qué quiero decir.

Hoy día tenemos iglesias que tienen una falta urgente de membresía, que se anuncian en diarios para que el mundo acuda a ellas a disfrutar de "un entretenimiento sano". Lo que dice esta afirmación es que tenemos lo que tiene el mundo, pero lo nuestro es mucho más limpio y, para empeorar las cosas en mi opinión, es para todos los públicos. No estoy totalmente en contra del entretenimiento; lo estoy contra el que se estila en las iglesias y el que se usa para intentar captar al mundo. ¿Cómo podemos luchar con el mundo si le damos la mano?

Partiendo de mi lectura de las Sagradas Escrituras, la historia de la Iglesia y las biografías de cristianos, he descubierto que en la Iglesia no hay nada que resulte atractivo para el mundo, y nada en el mundo que guste a la Iglesia verdadera de Jesucristo. Todos los avivamientos en la historia de la Iglesia se han producido cuando esta suponía un contraste radical con el mundo que la rodeaba. Nuestros cultos de adoración deberían ser tan santos y estar tan llenos del sentido de la presencia de Dios que los impíos se sintieran muy incómodos en ellos. Lo que hemos hecho ha sido lo contrario. La persona más impía de toda la ciudad puede acudir a la iglesia y sentirse bastante cómoda. La gente debería acudir a un culto de la iglesia no anticipando que la van a entretener, sino esperando la manifestación gloriosa y santa de la presencia de Dios. Cuando esto empiece a suceder, pasarán varias cosas.

Primero, todos los cristianos carnales y falsos soltarán un grito y saldrán pitando hacia la salida más cercana. La asistencia bajará abruptamente y las ofrendas prácticamente desaparecerán. Muchas iglesias no están dispuestas a pagar este precio. Pero luego lo siguiente que pasa es que la iglesia empieza a atraer a personas que tienen un hambre y un deseo de Dios insaciables. Cansados del estilo trivial de entretenimiento que ofrece el mundo, anhelan una experiencia real con Dios como el ciervo que brama por las corrientes de las aguas.

Creo, y podría estar equivocado aunque no pienso que lo esté, que el pueblo de Dios tiene hambre de verdaderos alimentos espirituales. Están cansados de la luz artificial, el pan duro y rancio, y el incienso que no huele. Están hartos de las imitaciones baratas importadas del mundo; anhelan la realidad de la presencia de Dios entre ellos.

Una explicación añadida podría ser que tenemos la Iglesia y el reino. El viajero encuentra luz, el niño alimentos y el sacerdote puede orar. Tú eres un viajero que va de camino a su casa, pero tiene luz. Sin algún tipo de luz, aunque solo sea un poco, la noche puede ser terrible, espantosamente oscura. Y Jesús dijo: "la noche viene, cuando nadie puede trabajar" (Jn. 9:4). El Nuevo Testamento habla del estado moral y espiritual del mundo diciendo que es como una noche oscura. Nosotros, los viajeros, necesitamos luz desesperadamente.

Esta es la Iglesia, y por esa Iglesia yo daré todo lo que tenga. Si supiera que ese tipo de Iglesia podría entrar en el mundo ya mismo (es decir, que las iglesias se volvieran ese tipo de Iglesia), no dudaría en dar hasta la sangre de mis venas. No me jacto de ello, pero puedo decir que lo haría contento. Sé que tengo muchos otros miles de amigos que harían lo mismo. Todo para recuperar la Iglesia, purificada y limpia, de modo que cuando entremos en ella sepamos que lo hacemos a un lugar donde la luz brilla, donde hay pan para comer y donde podremos orar con palabras que llegarán a los oídos de un Dios que las acepte. Esta es la Iglesia.

Amo a la Iglesia porque esto es lo que es: un grupo de personas comprometidas con esta fe, esta creencia, que disfrutan de la presencia manifiesta y consciente de Dios.

Amo tu reino, mi Señor

Timothy Dwight (1752-1817)

Amo tu reino, mi Señor,
la casa donde habitas,
la Iglesia que mi Redentor
compró en la cruz maldita.

Amo tu Iglesia, mi Señor,
ante ti están sus muros,
tan cerca de tu corazón
que ofreces tu amor puro.

Por ella clamaré ante ti,
a ti oraré por ella,
para ella siempre he de vivir
hasta ir a tu presencia.

Más que mundano bienestar
aprecio sus caminos,
su tierna comunión, su fe,
su amor, sus dulces himnos.

Cual tus verdades durarán,
a Sión le será dada
tremenda gloria celestial
jamás arrebatada.

10

El lugar santísimo de la presencia de Dios

Así que, hermanos, teniendo libertad para entrar en el Lugar Santísimo por la sangre de Jesucristo, por el camino nuevo y vivo que él nos abrió a través del velo, esto es, de su carne, y teniendo un gran sacerdote sobre la casa de Dios, acerquémonos con corazón sincero, en plena certidumbre de fe, purificados los corazones de mala conciencia, y lavados los cuerpos con agua pura.

Hebreos 10:19-22

Cuando un cristiano rompe la rutina religiosa y experimenta por primera vez la presencia de Dios, ya no desea volver atrás. Ha descubierto algo tan sumamente satisfactorio que el mundo y las cosas que hay en él pierden el atractivo que tenían para esa persona.

Las Sagradas Escrituras nos proporcionan una gran ilustración de esta verdad maravillosa en el tabernáculo del Antiguo Testamento. El libro de Hebreos llega muy lejos para demostrar el paralelo que existe en el Nuevo Testamento con el tabernáculo del Antiguo Testamento.

El tabernáculo del Antiguo Testamento estaba dividido en varias habitaciones. En la primera, el "santuario", había un candelabro y la mesa de los panes de la proposición. Un velo dividía la estancia, y tras ella se encontraba "el lugar santísimo". A veces se le llamaba así, y otras "el santísimo", o en latín el *sancta sanctorum*, el lugar más santo entre lo santo.

El sacerdote del Antiguo Testamento podía entrar en el atrio exterior y en el lugar santo. Sin embargo, no podía acceder al lugar santísimo. Solo un hombre podía entrar en el lugar santísimo y además una sola vez al año. Entonces entraba con sangre, que rociaba sobre el propiciatorio donde ardía el fuego. Las Escrituras nos enseñan que la muerte de Jesús supuso la rotura de su carne, que fue la rasgadura del velo que separaba a las personas del lugar santísimo. Ahora todos los miembros del pueblo de Dios pueden acercarse a su presencia.

Lo que quiero subrayar especialmente de este lugar santísimo es el arca. Era una especie de cofre de cedro, y estaba recubierto por dentro y por fuera con oro. El arca estaba cubierta con una tapa que también estaba hecha de oro puro, con un reborde en torno a la tapa y las cuatro esquinas que se curvaban un poco hacia arriba para darle cierta belleza artística. En la tapa había las figuras de dos querubines, criaturas santas, hechas de oro puro. Tenían las alas echadas hacia delante, de modo que las puntas de uno se tocaban con las del otro. Entre las puntas de las alas ardía y relumbraba el temible fuego santo, que los sabios han llamado *shekiná*, que significa "la presencia" o "el rostro". Y ese era Dios. Por eso la multitud no podía verlo. No podían entrar.

Este es también el motivo de que los sacerdotes de categorías inferiores no pudieran acudir. Solo el sumo sacerdote podía entrar en ese lugar, y con el rostro inclinado contemplar la presencia terrible una vez al año, mientras sostenía entre las manos un tazón con sangre, diciendo: "Oh, presencia, debería morir. Oh, Dios, debería morir, pero traigo esta sangre como evidencia de que, aunque yo debería morir, otro lo ha hecho por mí".

Esta es la presencia santa en la que quiero concentrarme, y analizar el motivo de que tantos cristianos estén privados de ella. Hace poco leí, y luego lo comprobé cuidadosamente para estar seguro, que las palabras del Antiguo Testamento que se traducen como "presencia" y "rostro" son la misma. *El rostro de Dios.* "En tu presencia hay plenitud de gozo", como dice David en Salmos 16:11. Y a lo largo de los Salmos descubrimos a ese hombre que adora a Dios y que celebra su entrada en la presencia de Dios y espera el momento de venir ante Él. Y habla sobre el rostro de Dios. Por ejemplo, en el pasaje que dice: "Mi corazón ha dicho de ti: Buscad mi rostro. Tu rostro buscaré, oh Jehová" (Sal. 27:8).

Este mismo sustantivo es "presencia". «En tu presencia hay plenitud de gozo. Buscaré tu presencia, Señor. Cuando mi corazón dijo de ti "Buscad mi rostro", mi corazón respondió "Buscaré tu rostro, tu presencia, Señor"». Ambas cosas son una misma.

Lo que intento exponer aquí es que existe una presencia invisible, que es Dios, el Santo, el que está en medio de nosotros, que la teología expresa en la doctrina de la eminencia divina. Dice que la presencia santa que en otro tiempo estuvo localizada entre las alas de los querubines ahora se encuentra en todos los lugares donde está su creación.

Existe una diferencia entre una presencia y una presencia manifiesta. Existe una diferencia sutil entre la presencia de una persona y su rostro. Es la misma palabra y tiene el mismo significado relativo, pero no idéntico. Si un hombre entra en una habitación y te da la espalda, puedes decir: "Estuvo en mi presencia media hora" o "Estuve en su presencia media hora". Pero no tendrás mucha relación con un hombre que te da la espalda todo el rato. La comunión empieza cuando se vuelve hacia ti. Existe una diferencia entre que Dios esté presente y que el rostro de Dios se manifieste a su pueblo.

Israel sabía que Dios estaba en medio de ellos, pero el sumo sacerdote podía entrar con sangre y contemplar el rostro de Dios solo una vez al año, para luego salir de nuevo y correr un tupido velo. Hacían falta varios hombres para descorrerlo. El velo estaba allí para separar a los indignos de aquel rostro sagrado. Entonces, cuando nuestro Señor Jesús murió, cuando entregó su espíritu, el velo del templo se rasgó de arriba abajo. El propio Dios lo rasgó con su dedo de arriba abajo, no de abajo arriba, donde podría haber sido la obra de un sacerdote o un enemigo; y el velo desapareció para siempre. La pobre Israel cosió el desgarro del velo y volvió a usarlo, intentando deshacer lo que había hecho Dios mediante la muerte de su Hijo.

Y así llevan tantos siglos errantes, apartados de la Presencia por haber vuelto a coser el velo. Dios le dijo a todo el mundo: "Mi Hijo, mi Hijo eterno, mediante su carne desgarrada y la rotura del velo, les ha abierto el camino de acceso. Ahora no hay nada que les impida entrar en el lugar santísimo, donde antes solo podía entrar un sacerdote; ahora puede acceder todo el pueblo de Dios".

La Biblia enseña que la presencia de Dios está en todas partes. La Biblia enseña que el rostro de Dios (la presencia real, manifiesta y disfrutada de Dios) puede ser el tesoro precioso de todos los miembros del pueblo de Dios.

¿Qué y quién es este?

Debo hablar de Dios, Dios Padre, Dios Hijo eterno y Dios bendito Espíritu Santo. Y tal como Dios se revela a sí mismo, lo hace por medio de la naturaleza. Ese es el Dios fuerte, todopoderoso. En las Escrituras se revela usando diversos nombres: Elohim, Jehová, Jehová-nisi, Jehová-rafa, y estos apelativos distintos exponen las diversas facetas de su majestad y de su gloria. Él es quien concentra nuestra adoración y nuestra alabanza. David dijo: "Una cosa he demandado a Jehová, ésta buscaré; Que esté yo en la casa de Jehová todos los días de mi vida, para contemplar la hermosura de Jehová, y para inquirir en su templo" (Sal. 27:4).

En el libro de Hebreos es belleza, es gracia. Una traducción dice: "la gracia del Señor". Todo lo que tiene gracia es hermoso. Y la persona de Dios es hermosa. Y esta presencia hermosa e inefable habitaba allí, y el sacerdote podía traspasar una vez al año aquel velo, cosa que nadie más podía hacer.

¿Es posible exagerar cuando hablamos de la gloria de Cristo? ¿Sobre la presencia que se revela en Cristo? Este Señor Jesucristo, este maravilloso, amante, sacrificado Señor Jesús, que es una estrella y un sol y una luz, y que el Espíritu Santo ha revelado en la experiencia humana, es inefablemente santo y adorable.

Me temo que nuestra tibieza sobre la persona de Cristo es una prueba evidente de que no conocemos mucho de Él en nuestra experiencia personal. Yo te digo que no podemos dejar de hablar sobre las cosas que amamos. Aquello que amamos por encima de todo lo demás siempre aparece en nuestras conversaciones. Nunca acabaré el tema, es algo que todavía me deleita, es un placer del que no puedo sustraerme. No intento superarlo; me limito a disfrutarlo.

Esta capacidad de amar es una de las pocas cosas deseables que quedan en el mundo, y es una tragedia ver cómo la han desvirtuado. El mundo ha hecho que el amor romántico sea algo extraño. Pero la Iglesia ha hecho que su amor por Jesucristo constituya su fuente suprema de gozo. "Porque para mí el vivir es Cristo", escribió Pablo en Filipenses 1:21. La naturaleza del amor consiste en ser entusiasta hasta el punto de suponer una molestia para otros debido a lo mucho que habla sobre el objeto de su amor, sea algo o alguien. Si cuando hablas con otros nunca mencionas al Señor, ¿no es esto una señal de que no le concedes mucha importancia? Si en nuestra conversación no incluimos afirmaciones impulsivas, ardientes, sobre nuestra relación con el Señor, ¿no podemos llegar a la conclusión, con compasión, de que es porque no sabemos gran cosa de su persona?

Era imposible hablar con David durante un rato sin que mencionara al Señor. No se puede leer nada de lo que escribió David durante un minuto, medio minuto o un cuarto de minuto, sin encontrar una mención al Señor su Dios. Lo mismo pasaba con el apóstol Pablo.

Cuando los fariseos vieron entre ellos al hombre al que Jesús había sanado, no pudieron decir nada. Resulta difícil refutar la evidencia de carne y sangre. Sin duda, siempre hay alguien listo para responder a cualquier concepto teológico que se le exponga. Alguien puede explicar racionalmente lo que acaba de pasar. Alguien dispone de una respuesta creíble. Pero para tu fe creciente nunca hay respuesta. No hay un solo argumento válido contra el corazón radiante y palpitante de una persona.

A un padre joven le puedo demostrar que su bebé solo es uno más entre muchos millones, pero nada puedo hacer contra el rostro resplandeciente de ese padre joven y feliz. Si una madre contempla a ese bebé, no le ayudará nada ni a ella ni a mí ni al mundo decir: "Estás mirando con regocijo el rostro de tu bebé, pero ¿no sabes que hace 25 años tu propia madre te contemplaba a ti de la misma manera?". O incluso remontándonos a Eva, cuando miró a Caín y a Abel, y sonriente los tuvo entre sus brazos. Esto no significa nada para alguien que no ama locamente a otra persona. Se pueden reunir muchos conceptos teológicos para demostrar que un hombre como yo tiene un problema, porque insiste en acudir ante la presencia de Dios y disfrutar de ella. Ya lo sé. Pero ante el rostro resplandeciente de los hombres y mujeres que han estado en la presencia, puedo decir que nos entendemos bien. Como dijo un escritor anónimo:

> Muéstrame tu rostro, un fulgor transitorio
> de la hermosura divina,
> y nunca volveré a pensar o a soñar
> en otro amor que no sea el tuyo.

¿Por qué algunos pasan tanto tiempo fuera? ¿Por qué hay personas que no gozan de la presencia de Dios? Creo que es por el velo que se interpone.

Alguien podría decir: "Pero el velo ya no está ahí".

Lo que sigue ocultando su presencia

Sí, pero es que nos enfrentamos a dos velos. Dios quitó uno de ellos cuando Cristo murió en la cruz. Había un velo que Dios puso en su sitio para mantenernos fuera, pero Él lo quitó y dijo: "Vengan, entren ahora sin temor". Él ya ha quitado este velo. Pero hay otro velo, uno que Él nunca puso ahí. Es el velo fuertemente entretejido del yo carnal. El sol brilla refulgente todo el día, pero una nube puede privar a toda una ciudad de sus rayos; del mismo modo, el velo del yo puede ocultar el rostro de Dios. Aísla el rostro de Dios del corazón adorador.

No vacilo en decir que los cristianos se pasan la vida al otro lado del velo. Aunque el velo se ha rasgado y ya no está en su lugar (Dios lo ha quitado), hemos recosido el velo con nuestras manos pequeñas y afanosas. Hemos colgado un velo digno del amor por nosotros mismos, la autocompasión, la confianza en nosotros mismos, la admiración de nuestra persona, la satisfacción con nosotros mismos y otros pecados afines. Dentro de todo corazón redimido arde la llama que provino del fuego que estaba entre las alas de los querubines. Nuestro Dios es un fuego consumidor. Y esa pequeña llama que arde en el pecho de toda persona redimida anhela reunirse con esa llama eterna: el fuego de su presencia. Pero esa llamita nuestra está oculta tras el velo del yo.

La mayoría no quiere pasar al otro lado del velo del yo; exige una vida de santidad.

Podríamos decirlo así: no creo que a los miembros de la Mancomunidad Británica de Naciones les gustara mucho pasarse toda la vida en presencia de la reina. ¿Y a ti? Creo que a todo el mundo le gustaría hacerle una reverencia y pasar por todo el protocolo, y estarían muy contentos y podrían contar la experiencia durante el resto de sus vidas. Pero no creo que muchos quisieran vivir todos los días en el palacio. Entonces tendrían que estar alerta constantemente. Tendrían que vestirse correctamente, vigilar su forma de hablar, conocer la etiqueta y todos los procedimientos de la corte. Y eso sería un poco demasiado para el ciudadano de a pie, una persona más relajada.

Tú no quieres ir siempre con el traje de domingo; quieres relajarte, ponerte un par de zapatos confortables y sentirte cómodo. Siguiendo esta idea, creo que no eres lo bastante espiritual como para querer vivir en la presencia de Dios, porque siempre tendrás que ir muy bien vestido. Para mostrar tu mejor yo, debes ponerte las prendas de la justicia. No puedes ponerte esos pantalones desgastados o esa camisa vieja y hecha polvo. Para entrar en esa presencia asombrosa y vivir en ella es necesario que hagas lo correcto moral y espiritualmente. Por eso el cristiano medio está totalmente dispuesto a esperar llegar al cielo para tener la experiencia de estar siempre en la presencia de Dios.

Creo que si el cristiano medio dijera la verdad, esa que tiene en lo profundo de su corazón, tendría que admitir que pasar toda la vida en la presencia de Dios sería aburrido. No podría soportarlo. Quiere relajarse y acudir al mundo y a la carne, como Adán, y volver a las ollas de carne de Egipto. Vivir así es pedirnos un poco demasiado: que nos preparemos, entremos en la tierra y nos quedemos en ella. Sin embargo, eso es lo que el Espíritu Santo nos insta a hacer.

> Acerquémonos, pues, confiadamente al trono de la gracia (He. 4:16).

> Así que, hermanos, teniendo libertad para entrar en el Lugar Santísimo por la sangre de Jesucristo, por el

> camino nuevo y vivo que él nos abrió a través del velo, esto es, de su carne, y teniendo un gran sacerdote sobre la casa de Dios, acerquémonos con corazón sincero, en plena certidumbre de fe, purificados los corazones de mala conciencia, y lavados los cuerpos con agua pura (He. 10:19-22)

El cristiano ordinario se contenta con vivir un poco distante de la presencia de Dios. Dios siempre ha tenido a un David, un Pablo, un Esteban y a aquellos que morirían para gustar lo que un hombre llama la dulzura penetrante del amor de Dios.

Penetrando tras el velo del yo

Entonces, ¿qué podemos hacer ahora? En pocas palabras, primero *tener fe en amor*. Esto hace a la persona aceptable ante Dios. Segundo, *venir con plena confianza*. Tercero, *darle la espalda al viejo yo*. Estas tres cosas tendrán mucho poder para destruir ese segundo velo y exponer al alma a la presencia de Dios.

François Fénélon (1651-1715) escribió: "Corta, rasga, quema y destruye, sin dejar ni rastro, la vieja carne, el viejo velo". Aparta ese velo de delante de tu rostro. Dios ya ha arrebatado aquel que te impedía el paso. Ahora, quita tú el que pusiste ahí para mantenerle fuera. Rasga, rompe, corta y quema hasta que no quede nada de ese viejo velo que nos aparta de su presencia.

Lamentablemente, muchos cristianos se contentan con algo menos que la presencia consciente y manifiesta de Dios en su caminar diario. Hay una veta de soledad que infecta a muchos cristianos, algo que solo la presencia de Dios puede curar. ¿Por qué hay tantos cristianos que se mantienen lejos de la presencia divina? El rostro de Dios (su presencia real, manifiesta y disfrutada) puede ser el tesoro de todos los miembros del pueblo de Dios.

El esfuerzo para venir y permanecer en la presencia manifiesta de Dios vale la pena. Aquel que traspasa el velo que él mismo se ha impuesto descubrirá una presencia que le aguarda, que vestirá y bendecirá su vida con el aroma agradable de la adoración y la alabanza durante el resto de sus días terrenales.

Dios está presente

Gerhard Tersteegen (1697-1769)

¡Dios está presente!
Vamos a postrarnos
ante Él con reverencia;
en silencio estemos
frente a su grandeza,
implorando su clemencia.
Quien con Él quiera andar,
su mirada eleve;
votos le renueve.

¡Dios está presente!
y los serafines
lo adoran reverentes;
"Santo, santo, santo"
en su honor le cantan
los ejércitos celestes.
¡Oh, buen Dios! nuestra voz
como humilde ofrenda
a tu trono ascienda.

Como el sol irradia
sobre el tierno lirio,
que contento se doblega,
Dios omnipresente
ilumina mi alma
y feliz yo te obedezca;
haz que así, tú en mí
seas reflejado,
y tu amor, probado. Amén.

Trad. Marta Weimüller
Adaptación: Juanita R. de Balloch

11

Las dimensiones de la presencia de Dios

Porque si la sangre de los toros y de los machos cabríos, y las cenizas de la becerra rociadas a los inmundos, santifican para la purificación de la carne, ¿cuánto más la sangre de Cristo, el cual mediante el Espíritu eterno se ofreció a sí mismo sin mancha a Dios, limpiará vuestras conciencias de obras muertas para que sirváis al Dios vivo?

Hebreos 9:13-14

Una frase famosa de Mark Twain dice: "La diferencia entre la palabra correcta y la palabra casi correcta es la que existe entre un relámpago y una luciérnaga". Es muy importante que usemos las palabras adecuadas sabiendo exactamente qué significan. Recientemente se han hecho muchos esfuerzos por tomar el cristianismo y volverlo coloquial. Esto supone librarse de todos los términos antiguos que hemos usado desde que se habla nuestro idioma y sustituirlos por palabras más conocidas. Cuando pasa esto, perdemos el significado, a la par que la palabra que lo contiene. Los científicos y los médicos saben que es así.

Los ornitólogos usan una palabra latina concreta para definir a determinado pájaro. No sé cuál es el término latino que se usa para designar al ave que nosotros llamamos "carpintero" (del género *Colaptes*). Mi padre siempre distinguió entre un carpintero y una gallina de agua, porque cuando empezaba a piar "wet, wet, wet, wet, wet" ("húmedo" en inglés) es que iba a llover, motivo por el cual la llaman gallina de agua.

Luego también existe un ave que se llama "picamaderos escapulario". Otros lo llaman "hueco alto", porque esta ave sube hasta lo alto de un tronco y hace un agujero donde construye su nido. Así que entre el carpintero común, la gallina de agua, el "hueco alto" y el carpintero escapulario, uno ya no sabe qué pensar. Sin embargo, el ornitólogo designa a un pájaro usando un término latino que nunca cambia. El resultado es que cada vez que un científico o un estudiante oye ese término, sabe exactamente de qué pájaro se trata. Yo solo te he dado cuatro nombres con los que se puede conocer al picamaderos; podría ser conocido por una o dos docenas, y seguramente este pájaro vive por todo el continente americano, porque se encuentra por todas partes. Pero cuando quieres pensar con precisión, recurres a su nombre en latín.

La teología es igual. Si hablo de Dios como "el Padre eterno" o "el que está arriba", o uso un nombre curioso o privado, puede tener diversos significados para quien lo oiga. Pero si digo que es "Dios, el Padre todopoderoso, creador del cielo y de la tierra y de todas las cosas visibles e invisibles", y me aferro a esto, entonces sé exactamente lo que quiero decir. E independientemente de cuántos sectarios extraños y ocultistas intenten referirse a Dios usando diversos nombres, si le doy el nombre por el que se conoce a sí mismo, el significado siempre será el mismo que Él le da. Si digo "Jehová" estoy hablando de Jehová. Y si digo "Dios, el Padre todopoderoso" me refiero precisamente a Él. Nunca cambia.

Las palabras son como pequeñas jarras, cada una de las cuales lleva una etiqueta. La misión del diablo consiste en vaciar de esas jarritas el verdadero significado y verter en su interior uno distinto. Imagina qué pasaría en tu casa a la hora del desayuno si alguien hubiera tomado una jarrita que lleva la etiqueta "crema de leche" y hubiera sustituido el contenido por vinagre.

Si extendieras la mano para tomar la jarrita de la crema, la de siempre, la que llevas años usando, y vertieras vinagre en el café, es evidente que echarías a perder la bebida. Por lo tanto, cuando encontramos un término teológico tan familiar para la Iglesia a lo largo de los siglos, que significa una cosa concreta, y algún joven avispado extrae ese significado, pasa la jarra por agua y la llena de otro significado, ya no sabes dónde estás. Estás confuso, despistado. Por lo tanto, no defendamos solamente la verdad, sino que usemos las palabras que transmiten esa verdad.

Hoy día los escritores cristianos están muy ocupados escribiendo libros para la gente y convirtiéndonos en débiles mentales. Ten el suficiente sentido común y la firmeza intelectual para aprender el lenguaje sencillo de la Biblia, que cuando la Palabra dice "arrepentirse" esto significa algo concreto; y cuando dice "justificado" significa algo específico; y cuando dice "nacido de nuevo" significa algo particular. Descubre lo que significa. No tardarás ni un minuto y medio y, a partir de ese momento hasta el fin de tus días, sabrás exactamente lo que quieres decir cuando uses ese lenguaje.

La necesidad de la salvación: una verdad que se demuestra sola

Vamos a ver esto paso a paso y fijémonos en qué dice Hebreos 9:14: "Cristo, el cual mediante el Espíritu eterno se ofreció a sí mismo sin mancha a Dios". Esto presupone ciertas verdades, y una de ellas es que la caída del hombre es un hecho. Es una doctrina que se demuestra a sí misma. No todas las verdades pueden hacer esto.

Supongamos que visitas a un amigo al que hace diez años que no ves. Te has enterado de que ha tenido otro hijo, pero no recuerdas si fue niño o niña. Si vieras a un pequeño de unos tres años, tan sucio que no parece haber forma de limpiarlo, pidiendo a gritos algo para comer y poniéndolo todo perdido en la cocina impoluta, no preguntarías: "¿Es una niña?". No haría falta. Sería evidente que era un niño. Un pequeño así demuestra con su conducta que es un niño. Y lo peor que podría pasarle a un niño es que alguien lo confundiera con una niña.

Algunas verdades son capaces de demostrarse a sí mismas. Dios dice "El hombre pecó y cayó". ¿Dónde está la evidencia? La evidencia de esta verdad nos rodea por todas partes. Tomas un periódico, escuchas las noticias y lees la evidencia del pecado humano. La sociedad actual está plagada de codicia, avaricia y arrogancia. El pecado está aquí. Las Escrituras lo dicen, y la verdad se demuestra a sí misma.

Los postulados básicos del cristianismo sostienen que la rebelión moral de la humanidad la apartó de Dios y la expulsó de su presencia para siempre. La barrera entre Dios y el hombre es simplemente el pecado. Esto es lo que enseña la Biblia.

No hace falta que nadie te enseñe acerca de la caída del hombre. Para que se sacudan hasta los átomos inmóviles de tu ser no es necesario que nadie te escriba una breve historia que incorpore ese suceso. Todo el mundo debería saberlo, creerlo y mantenerlo. El hombre es una criatura caída. No somos lo que deberíamos ser, ni tampoco lo que fuimos. El pecado está aquí, y también el odio, la locura, la transitoriedad, la criminalidad y la guerra. Todos ellos vagan por el mundo. Esto es un hecho.

Esto presupone otro hecho: la redención del hombre es un hecho consumado. Y esto lo hizo Dios Padre. Solo Él podía visitar al hombre caído, redimirlo y restaurarlo. Todo sin la colaboración humana.

La redención fue obra de la Trinidad. La caída fue un acto que cometió la humanidad sola, pero la redención fue algo que hizo Dios por sí mismo. Cristo (es decir, el Hijo), por medio del Espíritu eterno (es decir, el Espíritu Santo) se ofreció a sí mismo a Dios (es decir, el Padre).

La redención no es un acto en solitario: participan el Padre, el Hijo y el Espíritu Santo. Al enseñar sobre la Trinidad a menudo separamos a las tres personas, pero son totalmente inseparables, sobre todo en este ámbito de la redención. Los primeros padres de la Iglesia admitieron este hecho y dijeron: "No debemos dividir la sustancia, aunque sí reconocer las tres personas. El Padre, el Hijo y el Espíritu Santo son consustanciales. Tienen una misma sustancia, y no se les puede separar".

Es imposible pensar en el Padre aquí, haciendo una obra; el Hijo allá, haciendo otra; y el Espíritu en otro lugar, dedicado a una tercera. El Espíritu, el Hijo y el Padre siempre obran juntos en todo lo que hacen.

La Biblia enseña que el Padre creó los cielos y la tierra, y luego da un giro y enseña que el Hijo creó los cielos y la tierra, y más tarde dice que fue el Espíritu quien los creó. Y no es una contradicción, porque el Padre, el Hijo y el Espíritu obran juntos en la creación. También actúan juntos en la redención. Te darás cuenta de cómo la Trinidad trabajó al unísono cuando Cristo fue encarnado en la anunciación. El ángel vino y dijo que "el Espíritu Santo vendrá sobre ti, y el poder del Altísimo te cubrirá con su sombra; por lo cual también el Santo Ser que nacerá, será llamado Hijo de Dios" (Lc. 1:35). En la encarnación y en el bautismo actuaron las tres personas.

Muchas de las sectas modernas ponen en duda la doctrina de la Trinidad. Para hacerlo, hay que descartar algunas partes de las Escrituras. Tomemos por ejemplo el bautismo de Jesús a manos de Juan el Bautista. El Padre habló desde el cielo, el Hijo estaba en la orilla del río y el Espíritu descendió como paloma para posarse sobre Él. Y el Padre dijo: "Tú eres mi Hijo amado" (Lc. 3:22), y le impuso el Espíritu. Por lo tanto, en el bautismo de Jesús tenemos a las tres personas.

Fíjate en las Escrituras que detallan la muerte, la sepultura y la resurrección de Jesucristo. En estas actividades se destacan las tres personas de la Trinidad. Jesús dijo: "Derribad este templo, y en tres días lo reedificaré". Esto fue la declaración de que el Hijo iba a resucitar. Y luego dijo: "Y esta es la voluntad del Padre, el que me envió: Que de todo lo que me diere, no pierda yo nada, sino que lo resucite en el día postrero" (Jn. 6:39). Y siempre se ha enseñado que el Padre resucitó al Hijo. Romanos 1:4 nos enseña que el Espíritu Santo levantó al Hijo de entre los muertos. Una vez más, en la resurrección vemos que actúan las tres personas de la Trinidad, trabajando en perfecta armonía para hacer la obra de Dios.

Arrancando las malas hierbas espirituales de la tierra de la verdad

De igual manera, sobre el tema de la redención existen algunos errores, y me gustaría que te los quitaras de la cabeza. Me dirás: "¿Por qué perder el tiempo con los errores? ¿Por qué no predicar la verdad?". Eso es como decirle a un granjero: "¿Por qué pierdes el tiempo con las malas hierbas? ¿Por qué no te limitas a plantar maíz?". Si el granjero planta maíz y no toca las malas hierbas, es posible que al cabo de un tiempo no tenga maíz. Una persona quería saber cómo hacer de este mundo un lugar mejor donde vivir. "Bueno", dijo un hombre, "a mí se me ocurre una manera. Podríamos hacer que la buena salud fuera contagiosa". Pero la buena salud no es contagiosa; más bien lo es la enfermedad. Quédate esperando a ver si te llega la buena salud. No llegará. Lo que sí tendrás serán paperas. Por lo tanto, la buena salud no es contagiosa, sino la enfermedad. Y así son las cosas en el mundo.

Tomemos, por ejemplo, el sencillo huerto campestre. Un huerto bien cuidado es algo encantador. Ver esas hileras hermosas y rectas sin rastro de una mala hierba es una imagen estupenda. Sin embargo, ese huerto no producirá nada sin el duro trabajo del hortelano. Sin el trabajo del cultivador no produciría otra cosa que malas hierbas, privando a los tomates y al maíz de su crecimiento. Dios dijo a Adán: "Espinos y cardos te producirá... Con el sudor de tu rostro comerás el pan" (Gn. 3:18-19). Por lo tanto, el hombre debe sudar para erradicar las malas hierbas. Descuidar las malas hierbas pone en peligro la salud del huerto.

Si quieres conocer la verdad, tendrás que arrancar las malas hierbas para que la verdad crezca. Veamos algunas de las malas hierbas que han crecido en el huerto espiritual. Después de arrancarlas, veremos dónde crece la verdad.

Mala hierba: Cristo está de nuestro lado, y Dios en contra de nosotros

Algunos dicen que Cristo, el Hijo, difiere de Dios Padre. Este es un hierbajo que quiero que arranques de tu mente, sin permitirle jamás que arraigue en ella. El error consiste en pensar que Cristo es por nosotros y Dios contra nosotros. Esto nunca ha tenido ni un asomo de verdad. Cristo, al ser Dios, está por nosotros. El Padre, al ser Dios, está por nosotros. Y el Espíritu Santo, al ser Dios, está por nosotros. La Trinidad está de nuestro lado. Precisamente porque el Padre estaba por nosotros vino el Hijo a morir en nuestro lugar. El motivo de que Dios esté a nuestro favor es que el Hijo ahora está a la diestra de Dios, rogando por nosotros. El Espíritu Santo está en nuestros corazones. Es nuestro abogado interior. Cristo es nuestro abogado en los cielos. Y los tres están de acuerdo. No existe desacuerdo alguno entre el Padre y el Hijo por lo que respecta al hombre. Algunos dicen que Cristo es amable y cariñoso, mientras que Dios es severo y justo. Las Escrituras no respaldan esta creencia.

Mala hierba: El Antiguo y el Nuevo Testamento contienen mensajes diferentes

Me costó un tiempo rehuir la sensación de que el Nuevo Testamento es el libro del amor y el Antiguo Testamento es el libro del juicio. Pero he analizado el Antiguo y el Nuevo Testamento y he contado cuidadosamente las palabras, y en el Antiguo Testamento encuentro tres veces más misericordia que en el Nuevo. En el Antiguo Testamento hay la misma cantidad de gracia que en el Nuevo.

Allá en los tiempos de Noé, este halló gracia a los ojos del Señor. Como leemos en los Salmos: "Clemente y misericordioso es Jehová, lento para la ira, y grande en misericordia" (Sal. 145:8). La gracia es una cualidad del Antiguo Testamento. El juicio es una cualidad del Nuevo. Lee el capítulo 23 de Mateo. Lee los libros de Apocalipsis, Judas y 2 Pedro, y fíjate en lo que dicen sobre los terribles juicios de Dios que caen sobre el mundo; son juicios del Nuevo Testamento. Dios es un Dios de juicio y un Dios de gracia. En el Nuevo Testamento hallamos tanto juicio como gracia, y ambas cosas están presentes en el Antiguo Testamento. Dios es siempre el mismo, y no cambia: Padre, Hijo y Espíritu Santo.

Mala hierba: El Padre y el Hijo nos aman en grados distintos

También existe la enseñanza de que Cristo convenció a Dios para que se pusiera de nuestra parte al morir por nosotros. Algunas personas creen que esto es así. He escuchado a evangelistas que hablaban de un Dios furioso, que blandía una espada para destruir al hombre pecador, cuando Jesús se interpuso y la espada cayó sobre su cabeza. Él murió y el pecador vivió. Como teatro puede estar bien, pero como teología es muy pobre, porque no contiene una sola palabra cierta. El Padre "de tal manera amó Dios al mundo, que ha dado a su Hijo unigénito" (Jn. 3:16). Y fue el amor de Dios el que envió al Hijo a morir por la humanidad.

El Padre y el Hijo manifestaron un consenso perfecto, armonioso: el Hijo moriría por los pecados del mundo. No creo que me equivoque si digo que, mientras el hijo de María moría solo en la cruz, el corazón de Dios sentía un profundo dolor, tan grande como el del Hijo santo. Si fueras padre y tuvieras un hijo, y a ese hijo lo fueran a ejecutar mañana por la mañana en la horca, ¿quién sufriría más dolor, el hijo que moriría con una cuerda en torno al cuello o tú? Creo que tu dolor sería más intenso que el suyo, porque el suyo sería breve, pero el tuyo no acabaría jamás.

Por lo tanto, cuando el Padre santo volvió la espalda a su Hijo que moría en una cruz, por necesidad de la justicia, creo que el dolor en el corazón de Dios era tan grande como el del corazón del Hijo. Y cuando clavaron aquella lanza en el costado de Jesús, creo que en el cielo, a la diestra de Dios, también se hizo sentir. Aunque solo el Hijo murió, el Padre sufrió porque era uno con el Hijo.

Mala hierba: En nuestra salvación solo actuó el Hijo

Por supuesto, también está la idea de que en la redención solo participó una persona de la Trinidad. Lo cierto es que las tres personas participaron en ella. El Padre recibió la ofrenda de manos del Espíritu Santo. ¿Y qué ofrenda fue esa? El Hijo, que fue ofrecido como un cordero sin mancha ni contaminación. Por lo tanto, las tres personas de la Trinidad participaron en la redención, aunque el Hijo pagó el precio redentor al Padre por medio del Espíritu. ¡Oh, la profundidad, la altura, la luz, las tinieblas y las cataratas de amor que fluyen del corazón de Dios por medio de su Hijo hasta la humanidad mediante el Espíritu!

La diferencia entre la salvación y la redención

La redención es algo objetivo fuera de ti. La redención es algo que tuvo lugar en una cruz. Pero la salvación es algo que sucede en tu interior. De manera que, cuando me he apropiado de la redención, la he vuelto subjetiva. He tomado lo que era externo a mí, la redención, y lo he interiorizado. Esto es la salvación: la redención apropiada. Y las tres personas de la Trinidad llaman al perdido a ser salvo. El Hijo dijo: "Venid a mí todos los que estáis trabajados y cargados" (Mt. 11:28). Y en Juan 6:44 dice: "Ninguno puede venir a mí, si el Padre que me envió no le trajere". En Apocalipsis 22:17: "Y el Espíritu y la Esposa dicen: Ven". La redención que obraron por nosotros las tres personas de la Trinidad se convierte en salvación cuando escuchamos el llamado del Padre, el Hijo y el Espíritu Santo y acudimos.

Cuando Jesús se sentó a partir el pan con los pecadores, sabía por qué estaba allí. Otros le vieron junto a pecadores y dijeron "¿Cómo es que come con estos pecadores?". Estaba allí por el mismo motivo por el que una chica del Ejército de Salvación entra en un bar. No ha entrado a beber algo. Ha entrado para dar del agua de vida. Jesús comió así con los pecadores. Se sentó con ellos en muchos lugares no porque disfrutara de su maldad, sino porque quería ayudarles.

Una trilogía de la Trinidad

El pastor

En Lucas 15 Jesús contó tres parábolas poderosas, pero en realidad se trataba de una sola. Una vez había un pastor con un rebaño de ovejas. Noventa y nueve de ellas estaban a salvo en el redil, pero miró a su alrededor y dijo: "Falta una". Dejó a las 99 a salvo y fue buscando por todas partes hasta encontrar a la oveja perdida.

La mujer

Una vez había una mujer con una joya muy hermosa compuesta por diez piezas de plata. Se rompió y las piezas se esparcieron por el suelo. Buscó por todas partes para encontrarlas. Una vez las tuvo, al contarlas dijo: "Falta una". Tomó su vela y fue buscando por los rincones, hasta que por fin la encontró. "¡Ah!", exclamó, "¡La he encontrado!". Todo el mundo se alegró de que hubiera hallado la pieza perdida.

El padre

La tercera parábola de la trilogía habla del padre y del hijo perdido. Uno de los hijos era un joven delincuente, y dijo: "Padre, dame mi parte de la herencia. No quiero esperar hasta que mueras. Es posible que vivas muchos años. Dame mi parte". El padre le dio su parte y él la tomó, se fue lejos y se la gastó. Más adelante, tirado por el suelo, sucio, harapiento y oliendo a cerdo, dijo: "¡Qué necio he sido! Me he equivocado del todo. Allá en mi casa los siervos van bien vestidos, están limpios y comen bien. Y aquí estoy yo, tirado en una porqueriza. Ya sé lo que haré: volveré a mi hogar".

Y mientras iba de camino, fue dándole vueltas a su discurso. Pensó: «Le diré a mi padre: "No soy digno de ser llamado tu hijo. He pecado ante tus ojos. Por lo tanto, hazme como uno de tus jornaleros"». Cuando regresó, el padre le vio, corrió a recibirle, le dio prendas nuevas, mató al becerro engordado y celebró una fiesta en su honor.

La colaboración de la Trinidad

Yo había oído estas tres parábolas desde que tengo uso de razón, pero nunca conocí su significado hasta que, años más tarde, tuve una sesión de oración sincera con Dios. "Oh, Dios, ¿qué significa esto?". No consulté las obras de los comentaristas, lo cual suele ser algo positivo, y busqué solo a Dios para descubrir el significado. Llegó a mi corazón una revelación tan hermosa como cuando volamos y, al superar la capa de nubes, vemos a nuestros pies el paisaje bañado por la luz del sol. Lo vi todo, y lo sigo viendo, y eso fue hace años y no he tenido motivos para cambiar de opinión.

Eran las tres personas de la Trinidad. Aquel muchacho perdido era el mundo perdido. La moneda perdida era el mundo perdido. La oveja perdida era el mundo perdido. Y allí estaba el Padre, buscando a su hijo perdido. Y allí estaba el Hijo, el pastor, buscando a su oveja perdida. Y estaba también el Espíritu Santo, la mujer con la luz, buscando la moneda perdida. Y la obra de todos ellos da como resultado la redención de la raza humana. El Padre, el Hijo y el Espíritu Santo buscaban a los perdidos. El Padre esperaba que su hijo volviera a casa; el Hijo buscaba su oveja; y esa mujer, este Espíritu, buscaba la pieza de plata, aquella que formaba el collar con que adornar su cuello. De modo que Dios me dijo: "Esto es lo que significa. El Padre, el Hijo y el Espíritu Santo se afanan buscando sus tesoros perdidos".

Por eso Jesús habló con los pecadores. Era el Hijo que buscaba la oveja. El Padre buscaba a su hijo, y el Espíritu Santo buscaba la moneda de plata. Padre, Hijo y Espíritu Santo están unidos en esta obra. Para mí, eso es algo maravilloso.

Espero que entiendas que dispones de la respuesta para todos los herejes, los que cambian el significado de las palabras, todas las personas que quieren atontarte y escribir estupideces. Yo sé lo que creo, Señor. Creo que el hombre cayó, que Dios le redimió, y que en esa obra sagrada y redentora participaron las tres personas de la Trinidad. El Padre recibió el sacrificio, el Hijo lo realizó y el Espíritu Santo lo transmitió. De modo que Padre, Hijo y Espíritu Santo participan en la salvación de la humanidad. Ruego a Dios que seamos lo bastante sabios como para saber esto y volver a Él nuestros ojos. Sigue su llamado hoy, porque ya viene la noche, en la que nadie puede trabajar.

La presencia manifiesta y consciente de Dios es un resultado del esfuerzo conjunto de la Trinidad. Es una armonía entre ella y el hombre redimido por la sangre del Señor Jesucristo. Dios desea revelarse a nosotros más de lo que nosotros queremos experimentar su presencia.

Ahora solo busco a Dios

A. B. Simpson (1843-1919)

Antes fue la bendición,
ahora es el Señor;
antes fue la sensación,
ahora su Palabra dio.
Antes quise yo sus dones,
ahora es mío ya el Dador;
antes sanación buscaba,
ahora solo busco a Dios.

Una vez luché, doliente,
ahora en confianza espero;
su salvación permanente
ya disfruto por completo.
Antes le anduve buscando,
mas ya firme me sostiene;
antes yo vagaba errando,
ahora mi ancla no se mueve.

Antes andaba afanoso,
ahora mi oración elevo;
y ya mi afán angustioso
deja paso a amor eterno.
Hice lo que quise un día,
ahora lo que Cristo manda;
antes solo le pedía,
ahora elevo mi alabanza.

Antes me esforcé a porfía,
ahora, su obra consumada;
si antes usarle quería,
ahora Él me usa en su gracia.
Si antes el poder buscaba,
Dios Poderoso me ampara;
si en mi egoísmo actuaba,
me someto ahora a su vara.

En Jesús tuve esperanza,
mas ahora sé que ya es mío;
mi lámpara se apagaba,
mas ahora reluce con brío.
Antes la muerte esperaba,
ahora anhelo su venida;
y mi esperanza se ancla
en su verdad y en su vida.

12

Nuestra mutua comunión en la presencia de Dios

Acerquémonos con corazón sincero, en plena certidumbre de fe, purificados los corazones de mala conciencia, y lavados los cuerpos con agua pura. Mantengamos firme, sin fluctuar, la profesión de nuestra esperanza, porque fiel es el que prometió. Y considerémonos unos a otros para estimularnos al amor y a las buenas obras; no dejando de congregarnos, como algunos tienen por costumbre, sino exhortándonos; y tanto más, cuanto veis que aquel día se acerca.

Hebreos 10:22-25

Aquí encontramos cuatro afirmaciones bíblicas: "acerquémonos a Dios" (He. 10:22); "mantengamos... la profesión de nuestra esperanza" (v. 23); "considerémonos unos a otros" (v. 24) y "no dejemos de congregarnos" (v. 25). Estas aseveraciones en primera persona del plural significan: "¡Vamos, hemos de hacer esto!". Son palabras de exhortación, urgentes, que nos indican nuestro privilegio y nuestro deber.

Estas palabras nos enseñan que no podemos avanzar a paso de tortuga hacia el progreso espiritual. No podemos ir al paso; nos exige un ejercicio activo de nuestras facultades espirituales. Sencillamente, no nos atrevamos a esperar que el tiempo nos ayude. El tiempo aún no ha ayudado a nadie, y nunca lo hará. El tiempo es el medio en el que podemos ayudarnos a nosotros mismos o buscar la ayuda de Dios, pero el tiempo nunca ha ayudado a nadie.

Somos invitados a la presencia de Dios

"Acerquémonos" significa que tenemos que hacer algo. Si pudiera cambiar la imagen, diría que toda la obra de Dios con los hombres flota en un mar de gracia y se asienta sobre un fundamento de gracia, pero no paraliza la voluntad humana ni nos exime de las actividades espirituales. "Acerquémonos", dice Dios, y es a Él a quien debemos aproximarnos, y las grandes y buenas noticias son que podemos acercarnos a Dios. Estas son realmente las buenas noticias del evangelio: que el hombre puede acercarse de nuevo a Dios. El hombre, que salió del huerto por severo mandato de Dios, puede regresar con su raza a la presencia divina; sin embargo, esa aproximación no tiene que ver con la distancia física.

Es muy importante que sepamos que nuestra aproximación no hace referencia a una distancia física, como si Dios estuviera muy lejos. Cuando hacemos un peregrinaje para encontrarle, actuamos como si Dios estuviera en algún lugar distante en nuestro mapamundi y tuviéramos que viajar a ese punto, acercándonos a Él a medida que avanzamos, y alejándonos de Él cuando nos marchamos. No pienses así. Creer esto es un error. Dios no está lejos de nadie. Dios está aquí, y la cercanía de Dios de la que hablamos no se refiere a la distancia, sino a una rica relación de persona a persona y de alma a alma. Tiene que ver con la confianza, el amor y la intimidad del corazón.

Si permites que pase una semana de tu vida sin haber hecho algo que te acerque más a Dios, no obedeces este mandamiento.

Vivimos por fe

La segunda afirmación es "Mantengamos firme, sin fluctuar, la profesión de nuestra esperanza" (He. 10:23). Nos gustaría que una experiencia espiritual nos levantara por los cielos, por encima de todo. Nos gustaría entrar en órbita y estar seguros de que lo único que hay que hacer es dejarse llevar. Pero uno no va al cielo de esta manera.

En cierta ocasión vi un anuncio de un par de zapatos. Según el anuncio, uno se los compraba y al ponérselos caminaba en el aire. La gente imagina que la vida cristiana es igual. Te conviertes, recibes la bendición y luego te pasas el resto de la vida caminando en el aire. Pero esto no es lo que sucede.

Sé que allá arriba, en algún lugar, hay una rueda dentro de otra rueda, pero resulta que los cristianos aún no estamos en ese lugar. Por lo tanto, no vamos al cielo sobre ruedas, como dice la canción: "No puedes ir al cielo en patines". No podemos ir al cielo de ninguna otra manera excepto la sencilla, la pedestre: caminando por fe. El Señor no habla de un vuelo de fe, ni tampoco de un recorrido turístico de fe; habla de un camino de fe.

La tentación de abandonar el viaje asalta a todo el mundo. Algunos se han sentido tentados a renunciar a la vida cristiana de una vez por todas. Supongo que alguno se siente muy culpable por eso, y lo es; déjame que te consuele diciendo que no eres el único culpable. El pueblo de Dios ve cómo les asalta esa tentación cuando las cosas se ponen difíciles, y dicen: "¿Qué sentido tiene intentarlo? No puedo hacer todo lo que quiero, no puedo servir a Dios como deseo". La tentación es la de abandonar. Pero a la gente le da vergüenza admitirlo.

Si sus testimonios fueran tan sinceros como deberían, muchas personas, en lugar de levantarse y decir: "Oren por mí, para que mantenga mi fe" y cosas por el estilo, dirían: "La semana pasada sentí la tentación de abandonar mi fe, pero el Señor me ayudó y no lo hice". Eso sería franqueza; sería un poco difícil hacerlo, porque se nos ha enseñado que ganemos a nuestros amigos, influyamos en las personas y nunca digamos la verdad. Nos han formado para que digamos lo que se espera de nosotros, en lugar de ser sinceros. La presión es tan grande que casi miramos a Dios como lo hizo Elías y decimos: "Señor, ya estoy harto. No sirve de nada, Padre, así que llévame contigo. Aquí no hay nadie que valga la pena".

A veces nos sentimos tentados en este sentido, pero tengo una pequeña técnica para ti. Normalmente no hablo de técnicas, pero tengo un pequeño secreto para que te aferres con firmeza a la profesión de tu fe. Es algo tan práctico y habitual que te decepcionará, pero es eficaz. *Sobrevive a tus problemas.* Yo he sobrevivido a muchas cosas, a muchas personas a quienes yo no les gustaba; simplemente, los sobreviví. Puedes seguir adelante sobreviviendo a tus dificultades.

Ese vecino que cierra de un portazo a cualquier hora de la madrugada y de la mañana, que sube el volumen del televisor hasta que atraviesa el tabique con su potencia y te hace decir: "¡Oh, Dios! ¿Qué voy a hacer?". Sobrevívelo. Él se mudará, y tú te quedarás donde estás.

Ese vecino cuyo perro no deja de aullar sin parar, atado a un árbol; tú, sigue viviendo. Tú a lo tuyo. Se irá, Dios se lo llevará a otra parte, y lo mismo pasará con todas las cosas que te tientan a desear abandonar.

¿Y qué pasa con ese jefe para el que trabajas, y no sabes cómo lograrás soportarlo más tiempo? El trabajo está bien, pero te gustaría estar en otra parte, y vas por ahí buscando otro empleo pero no encuentras ninguno. Tú limítate a seguir caminando con Dios, y una de esas veces algo pasará. A ese tipo lo trasladarán a otra ciudad; será bendecido; empezarás a caerle bien o el problema se resolverá. Tú sigue adelante; si caminas con Dios, nada puede acabar contigo.

"Aferrémonos", dice la Palabra de Dios. Pero también dice "a la profesión de nuestra fe". La profesión de nuestra fe tiene ramificaciones en nuestra vida; por lo tanto, espera y todo saldrá bien.

Un anciano, un querido hermano que no tenía muchos estudios pero era un santo entrañable, dijo que el pasaje de las Escrituras que le gustaba más era "y sucedió". Testificaba diciendo: «Cuando tengo problemas, levanto los ojos a Dios y digo "Padre, recuerda que esto sucedió"». Al cabo de un tiempo todo pasa, y todos tus problemas son transitorios. Pasarán si los sobrevives y no dejas de caminar.

Exhortamos a otros al amor y a las buenas obras

La siguiente afirmación es: "considerémonos unos a otros para estimularnos al amor y a las buenas obras" (He. 10:24). Tenemos una gran responsabilidad para con otros. Dios ha puesto en nuestras manos el bienestar de otros, y nos hará responsables de ello. Supongo que una de las afirmaciones o preguntas más insolentes y cínicas en toda la Biblia es la que formuló Caín después de haber asesinado a su hermano: "¿Soy yo acaso guarda de mi hermano? ¿Por qué me preguntas por mi hermano? ¿Es que tengo que responsabilizarme de él en mi vida?". Sí, tienes que aceptar la responsabilidad por otros en tu vida. Debemos ser responsables ante los hombres por nuestras vidas, nuestro ejemplo, nuestras palabras. Debemos ser responsables de exhortar a las personas, instarlas y animarlas en su camino cristiano.

Algunos cristianos tienen un mal efecto sobre otros cristianos. Un cristiano se junta con otros y estos tienen que esforzarse por mantener sus vidas espirituales, porque el primero es una mala influencia. Por otro lado, hay cristianos cuya mera presencia te incita a ser mejor cristiano. Por eso aquí dice: "considerémonos unos a otros para estimularnos". Estimular, por supuesto, significa animar a amar y a hacer buenas obras.

No dejamos de congregarnos

La cuarta afirmación es: "no dejando de congregarnos" (He. 10:25). Aquí detectamos un indicio claro de la falta de aprecio por la asamblea apostólica. Cuando ir a la iglesia se vuelve un problema, algo anda mal. Cuando el círculo de creyentes se vuelve demasiado aburrido, siempre se ponen muchas excusas, pero solamente hay una: nuestro espíritu se ha enfriado. Algo que los cristianos siempre han hecho ha sido reunirse para adorar y orar, recordar y anticipar, escudriñar las Escrituras y cantar himnos santos, y testificar. Esto se ha hecho desde el día de Pentecostés hasta hoy. Cuando me convierto en cristiano y no hay una atracción magnética que me lleve al círculo de los creyentes, algo anda mal en mi vida.

Creo que la iglesia es la asamblea, la Iglesia de Dios, y hay motivos para que nos reunamos. No lo hacemos simplemente porque es una costumbre que no podemos superar. Lo hacemos porque hay motivos para ello.

Por naturaleza, los cristianos son gregarios. "Dios los cría y ellos se juntan" es una frase que caracteriza al pueblo de Dios tanto como a los pecadores. Las personas siempre se juntan con quienes son como ellas, de modo que es perfectamente normal que nosotros hagamos lo mismo. Todos los animales de la selva se reúnen en el abrevadero; aunque en la selva luchan a muerte, allí se produce una tregua; todas se reúnen donde hay agua. El pueblo de Dios también se reúne en el manantial: se reúne donde fluye el agua de la fuente. Son gregarios. Quienes crían ovejas saben que la oveja enferma es la única que rehúye al rebaño.

Vagabundea sola hasta detrás de un arbusto y muere. Las ovejas sanas siempre quieren estar donde hay más ovejas.

El segundo motivo es que nos necesitamos unos a otros. El cristiano individual precisa la compañía de otros cristianos. Dios puede decir a un grupo de cristianos lo que no puede decirle a uno solo, del mismo modo que puede comunicar al individuo cuya alma ora en soledad cosas que no podrá decir a la congregación.

Si tu cristianismo depende de la predicación del pastor, entonces es que estás muy lejos de donde deberías estar. Si no tienes una vía de comunicación privada, secreta, una cañería que conduzca a la fuente a la que puedes acudir a solas siempre que quieras, tanto si hay un pastor como si no lo hay, aunque haga un año que no escuchas un sermón, a pesar de ello tienes un ancla; tienes una raíz, tienes una conducción, puedes recibir agua de Dios. Pero habiendo dicho esto, como corolario y enmienda, tenemos la verdad de que Dios puede decirte en la iglesia lo que no te dirá nunca a solas.

Dios puede llevar a un hombre a un monte, hablarle, y luego enviarle donde están los demás, y volver a hablarle para decirle cosas que no pudo decirle cuando estaba en la cima. Por lo tanto, debemos cerrar la puerta y disfrutar de una oración privada; pero necesitamos que nuestras oraciones privadas sean corregidas por medio de las oraciones públicas, para que haya una simetría. Hemos de leer las Escrituras a solas, y luego escuchar cómo se exponen en la asamblea pública.

Cristo iba regularmente a la sinagoga. Las personas me escriben cosas como: "Sr. Tozer, la ciudad donde vivo no tiene una sola iglesia evangélica de tal denominación. Soy cristiano nacido de nuevo. ¿Qué puedo hacer?". Yo les contesto recordándoles que Jesús iba a la sinagoga por deseo propio. Tenía la costumbre de acudir a la iglesia los días sagrados y acudía a ella a pesar de no estar de acuerdo con buena parte de lo que escuchaba en ese lugar. Iba porque quería estar en compañía de personas que, al menos esencialmente, adoraban a Dios. Así que ve a alguna iglesia, porque el Señor lo dispondrá de alguna manera para que escuches la verdad. Cristo prometió una bendición especial a dos o tres personas reunidas en su nombre (ver Mt. 18:20), y la asamblea del pueblo de Dios es una tradición histórica.

No entiendo por qué hay cristianos que van a sus congregaciones solo de vez en cuando. Supón que estuvieras en Rusia y no te gustara la manera en que el Gobierno hace las cosas. Imagina que no te gustara su sistema comunista, su policía secreta, nada de lo que hay en ese país. Entonces, un día, mientras paseas por el campo descubres un edificio pequeño y viejo, con aspecto de estar abandonado. Mientras pasas cerca escuchas un rumor de voces y piensas: "Me parece que eso es inglés. Parece que están cantando". Cuando te acercas a la puerta, te das cuenta de lo que cantan: el himno "Dios bendiga a América". Al echar un vistazo al interior, ves rostros americanos por doquier.

Allí están, solos, apartados, norteamericanos de un lugar y de otro, reunidos por un poco de tiempo en comunión. Apiñados hay un par de docenas de estadounidenses. Y te reúnes con ellos con una gran sonrisa, y algunos te reconocen. Pronto cantan un nuevo himno, y empiezan a hablar. "¡Ah, sí! Yo antes vivía en Chicago. ¿Has estado en tal y tal sitio?". Pronto tienen comunión al otro lado del océano, allá en aquel gran continente donde nieva. ¡Oh, que bien te haría sentir! Entonces les estrecharías la mano y dirías: "Tengo que volver a lo de siempre, a la policía secreta". Tras darles la mano te irías diciendo: "Volveremos a vernos la semana que viene".

¿No ves lo perfectamente normal que resultaría todo? ¿No ves que vivirías esperando ese momento? Durante la semana dirías: "Tengo que vivir con esta gente, cuyo idioma no hablo o no me gusta, personas que sospechan de mí. No me gusta esta vida, pero ¡oh, cómo espero el día en el que pueda volver a entrar en aquel pequeño edificio, sentarme, charlar y hablar de los viejos tiempos, y cantar los himnos de toda la vida con mis amigos!". Esto es algo natural, no tiene nada de malo; es estupendo. ¿Y no es cierto que somos un grupo minoritario en un mundo grande, pecador y alejado de Dios, casi desconectado por entero de Él, porque le han rechazado y no han aceptado su gobierno sobre nosotros?

Durante la semana vamos a la escuela, trabajamos, vendemos, compramos, cuidamos de la tienda, conducimos camiones, pasamos la semana haciendo de todo sometidos a presión. Pero pensando que hay una comunidad de personas que piensan como nosotros, cuyos corazones son como el nuestro, que aman lo que amamos, que son nuestro pueblo, cuyos rostros reconocemos, sabemos quiénes son y nos gusta darles la mano y sonreírles, ¿no crees que hay motivos más que suficientes para que todo el mundo vaya a la iglesia siempre que tiene ocasión, permitiendo que solo la enfermedad los retenga en casa?

Yo amo al pueblo de Dios. A veces tengo que reprenderlo un poco, pero lo amo. Amo el reino de la Iglesia. Pero cuando las personas no lo practican, cuando van solo de vez en cuando o pocas veces y dicen "Puedo servir a Dios bajo los árboles", esto es un cliché, un encubrimiento, una excusa, y solamente oculta un corazón frío.

Normalmente, cuando un cristiano pierde su amor por la compañía de los santos, lo racionaliza; echa la culpa al ministro, a la música, a las personas poco sociables de la iglesia, a los hipócritas que hay en ella o al propio edificio. La gente le atrae, aquellas personas con las que comparte un espíritu, él está con ellas. Su esposa se sube en su pequeño coche y acude a la iglesia, donde está con su gente. ¿Por qué ella es fiel? Porque reconoce a los suyos, y les ama. Yo amo a la Iglesia de Cristo. He recibido el mandamiento de amarla, reprenderla, advertirla, alimentarla y orar por ella.

El deleite colectivo en la presencia de Dios

De manera que tenemos cuatro afirmaciones: "acerquémonos a Dios", "aferrémonos de nuestra profesión cristiana", "considerémonos unos a otros" y seamos responsables de ayudarnos mutuamente, y "no olvidemos reunirnos", porque el lugar más dulce del mundo es la asamblea de los santos.

Gracias a Dios vivo en un país donde hay libertad. No hay una policía secreta que escuche lo que decimos, lista para apresarnos y condenarnos porque nos atrevimos a hablar de Dios a unas personas que querían conocerle. Gracias a Dios por una libertad como la nuestra. No la vendamos ni la descuidemos. Aprovechemos nuestra libertad para adorar a Dios entre el pueblo de Dios.

La adoración del pueblo de Dios reunido es una colaboración de individuos comprometidos con la presencia de Dios como Él está con la de ellos. Él ha conectado lo que hemos experimentado individualmente cuando nos reunimos para deleitarnos en la presencia de Dios en medio de la asamblea de los creyentes.

Millares de millares

Henry Alford (1810-1871)

Millares de millares,
con ropas de fulgor,
los redimidos ya suben,
pendientes de su esplendor;
consumada es toda lucha
contra la muerte y el mal;

las puertas de oro abrid,
dejad a la hueste entrar.

¡Qué arrebato de aleluyas
llenan la tierra y el cielo!
¡Cómo la victoria suya
entonan arpas sin cuento!
¡Día para el que se hicieron
la creación y los pueblos!
¡Qué gozo en vez de tristeza,
qué alegría y qué consuelo!

¡Qué reencuentro arrebatado
de Canaán en la orilla!
¡Qué reunión más alegre,
las miradas cómo brillan!
Si antes los ojos lloraron
de nuestro Padre la ausencia,
ya los huérfanos lo hallaron,
felices en su presencia.

13

La amenaza a nuestro disfrute de la presencia de Dios

Porque si pecáremos voluntariamente después de haber recibido el conocimiento de la verdad, ya no queda más sacrificio por los pecados, sino una horrenda expectación de juicio, y de hervor de fuego que ha de devorar a los adversarios.

Hebreos 10:26-27

Hebreos 10:26 se ha malentendido mucho, y generalmente se ha malinterpretado. Parece no encajar con el resto de las Escrituras, aunque no es así. Cuando encuentres un versículo de las Escrituras que parezca contradecir otro versículo, recuerda siempre que esto no es posible. La contradicción está en tu mente, porque no tienes suficiente luz. Si dispusieras de luz suficiente sabrías que no existe ninguna contradicción.

Algunos predicadores irresponsables han usado este pasaje como un garrote, para asustar a algunos miembros del pueblo del Señor. Y algunos miembros sensibles y asustados del pueblo de Dios lo han usado contra sí mismos. Este pasaje no solamente lo han usado mal unas personas contra otras, y ellas contra sí mismas, sino que Satanás, el diablo, usa este pasaje para criticar a Dios y dar la impresión de que Dios es un tirano irascible que gobierna de acuerdo con sus propios caprichos irrazonables e impredecibles.

El diablo también usa este pasaje para atrapar las conciencias de las personas. Este es uno de los pasajes de la Biblia por el que más preguntan las personas. Suele tratarse de individuos serios, sinceros, cuyas conciencias se han visto atrapadas. Una conciencia libre puede conducir al arrepentimiento, pero una conciencia prisionera solo conduce a la desesperanza. Satanás usa las Escrituras como trampa para encerrar a los miembros del pueblo de Dios. Alguien dirá: "Pero, si son las Escrituras, ¿cómo pueden usarse como trampa?". Recuerda lo que dijo Pedro:

> Y tened entendido que la paciencia de nuestro Señor es para salvación; como también nuestro amado hermano Pablo, según la sabiduría que le ha sido dada, os ha escrito, casi en todas sus epístolas, hablando en ellas de estas cosas; entre las cuales hay algunas difíciles de entender, las cuales los indoctos e inconstantes tuercen, como también las otras Escrituras, para su propia perdición (2 P. 3:15-16).

Cuando dice "los indoctos" no se refiere a personas que no hayan ido a la universidad, sino a aquellas que no tienen conocimientos de las Escrituras. El resultado es que sus conciencias se meten en un lío, se vuelven contra sí mismos y usan este pasaje de las Escrituras para castigarse. Yo sé quién hace esto: es el diablo.

Esta situación impide que muchos hijos pródigos vuelvan a su casa. Si alguien hubiera ido al hijo pródigo (el relato se cuenta en Lucas 15) y le hubiese dicho que había un pasaje de las Escrituras que decía que si uno dejaba la casa de su padre y se iba a un país lejano ya no quedaba sacrificio alguno por los pecados, nunca hubiese vuelto a su casa. Lo habría entendido mal y, como el pasaje nos dice que aunque no era honrado sí era sensible, nunca habría vuelto a la casa de su padre.

Otra cosa que hace este pasaje es que tiende a apartar la tensión de una verdad importante hacia otra que no lo es tanto, creando disensiones y sentimientos de amargura. Es increíble que haya gente que no hace caso al Sermón del Monte y, sin embargo, se pone a debatir este versículo de la Biblia. Se ha malentendido, malinterpretado y mal utilizado, tanto en manos del diablo como de otras personas, contra el pueblo de Dios.

Lo que no significa este pasaje

Yo siempre estoy de parte del pueblo de Dios. A veces parece que no lo esté, porque soy severo con él. Soy severo con sus miembros como un padre lo es con una pequeña familia de hijos a los que ama hasta la muerte y de los que está muy orgulloso. Yo estoy muy orgulloso del pueblo de Dios, muy contento de estar con ellos y reconocerles como hijos del Padre. Pero no voy a permitirles practicar malas actitudes y actos que no deberían hacer. Por este motivo soy severo, pero soy severo con una sonrisa. Nunca predico sin una sonrisa en mi corazón, y con el gozo de saber que formo parte de la Iglesia.

Hebreos 10:26-27 dice: "Porque si pecáremos voluntariamente después de haber recibido el conocimiento de la verdad, ya no queda más sacrificio por los pecados, sino una horrenda expectación de juicio". Primero, veamos lo que no quiere decir esto. Si averiguamos qué no quiere decir, estaremos en mejor posición para descubrir lo que significa. Pues bien, no quiere decir que solo se puedan perdonar los pecados cometidos antes de escuchar el evangelio. No significa que si escuchas el evangelio, recibes la iluminación y pecas voluntariamente, ya no tienes más oportunidades de ser salvo. No quiere decir que tenemos una sola oportunidad de escuchar el evangelio; lo escuchamos y no nos convertimos sino que seguimos pecando, de modo que ya no queda más sacrificio por el pecado. Esto es lo que no significa, porque esta interpretación violaría todas las Escrituras y destruiría la longanimidad y la paciencia de Dios.

¿Cuántos cristianos se convirtieron a Cristo la primera vez que escucharon el evangelio? ¿Cuántos se convirtieron la segunda vez, la tercera o la décima que lo escucharon? Algunos eran profesores en la escuela dominical antes de convertirse, y otros ofrendaban dinero a las misiones en el extranjero y expandían el evangelio que ellos mismos no comprendían, hasta que se entregaron a Dios y dieron su corazón al Señor Jesucristo para que fuera su Señor y su Salvador.

Si este pasaje quisiera decir que una vez has escuchado y entendido (porque eso es lo que quiere decir el término "iluminación"), y luego pecas ya no hay más oportunidades de perdón, nadie se salvaría. No creo que nadie se convierta la primera vez que escucha el evangelio. Algunas personas aguardan mucho tiempo. Ojalá no lo hicieran.

Tampoco significa que solo se pueden perdonar los pecados cometidos antes de escuchar el evangelio; si fuera así, Dios nos exigiría hacer lo que Él mismo no haría. Porque nos dice que debemos perdonar a otras personas 70 veces 7. Y si hemos de hacer eso, y Él nos lo exige, yo doy por hecho que Él mismo lo hace; de modo que esto descarta una definición o interpretación como la que he sugerido. Y no quiere decir que si un cristiano peca ya no tiene esperanza posterior, porque eso sería contradecir otra vez las Escrituras.

Pero ¿cuál es el ideal? El ideal sería que el pueblo de Dios no pecase. Jesucristo vino para destruir las obras del diablo. Por lo tanto: "Hijitos míos, estas cosas os escribo para que no pequéis; y si alguno hubiere pecado, abogado tenemos para con el Padre, a Jesucristo el justo. Y él es la propiciación por nuestros pecados; y no solamente por los nuestros, sino también por los de todo el mundo" (1 Jn. 2:1-2). Esto está escrito para los cristianos, y no podemos pasarlo por alto.

Si es cierto que si un cristiano peca después de convertirse, después de haber tenido conocimiento de la verdad o haber sido iluminado, entonces lo hace voluntariamente, ¿por qué tenemos 1 Juan 2:1-2?

Es evidente que Pedro no maldijo, juró y negó accidentalmente a su Señor. No fue un accidente. Pedro era astuto y quería evitarse problemas, de modo que cuando los que estaban junto a él en el patio dijeron: "¿Tú no eras uno de sus discípulos?", Pedro entendió que el Señor tenía un problema, y como a él no le agradaba precisamente meterse en un lío, mintió para escaparse. Buscó la vía fácil. Hizo mal pero más tarde se arrepintió, entre lágrimas amargas, y el Señor le perdonó. De hecho, fue el primer discípulo al que se presentó el Señor después de su resurrección. Pedro, el hombre que más le necesitaba.

Si fuera cierto, como dicen algunos, que si pecas después de haber tenido conocimiento de la verdad y haber sido iluminado ya no tienes ninguna otra esperanza, ¿qué pasa con Pedro? ¿Y qué pasa con la experiencia universal de las personas religiosas? No defiendo que una persona retroceda en su fe, y jamás pronunciaré una sola palabra que anime a un hijo de Dios a abandonar su hogar. No quiero animar a nadie, en ningún sentido, a actuar mal. No, quiero animar a otros a hacer el bien, a caminar siempre en el Espíritu y no satisfacer la lascivia de la carne. Sin embargo, la realidad es que algunos hijos del Señor retroceden en su camino cristiano.

Compara todas las Escrituras para descubrir la verdad

Ten en cuenta que un pasaje de las Escrituras nunca es suficiente para establecer una doctrina. Hace falta más de un pasaje para esto. Esta es la norma: si este versículo dice una cosa y otro versículo la confirma, es muy probable que tengas razón al creer esa doctrina, pero no tienes la verdad. Pero si vas a un pasaje y la encuentras, y vas a otro y la encuentras, y consultas otro y otro, adelante y atrás, y todos los versículos dicen lo mismo, entonces sabes que tienes la verdad.

Tomemos por ejemplo el amor de Dios. Juan 3:16 no basta para establecer la doctrina del amor de Dios. Pero volvamos al libro de Deuteronomio y veremos que Dios dice: "Y por cuanto él amó a tus padres, escogió a su descendencia después de ellos, y te sacó de Egipto con su presencia y con su gran poder" (Dt. 4:37).

Consultemos el libro de Salmos y el libro de Isaías, y oiremos al Espíritu Santo hablando del amor de Dios. Leamos los Profetas y oiremos a Isaías hablar de lo mismo. Luego pasemos al Nuevo Testamento y escucharemos a Cristo y a los apóstoles hablar del amor, y así hasta Apocalipsis. Cuando ves el mismo mensaje en todos esos lugares, sabes que dispones de una doctrina en la que puedes confiar; sabes que tienes una doctrina que puedes tomar de guía para tu vida para siempre. Pero nunca leas la Biblia entresacando un versículo, da igual si te anima o te entristece, porque eso no basta. Toda escuela bíblica, todo seminario sabe que la teología dogmática se levanta sobre la armonía de más de un versículo de las Escrituras.

Cuando el diablo llevó a Jesús al pináculo del templo y le dijo "Si eres Hijo de Dios, échate abajo; porque escrito está: A sus ángeles mandará acerca de ti", la respuesta de nuestro Señor fue: "Escrito está también: No tentarás al Señor tu Dios" (ver Mt. 4:5-7). La verdad no radica en "los ángeles te sostendrán", sino en "los ángeles me sostendrán, pero no tientes a Dios".

Cuando Dios promete escuchar tus oraciones, esto no quiere decir que haga la promesa incondicional de responderlas del modo que tú quieres. Otros pasajes de las Escrituras te dicen que Dios responderá a tu oración si está de acuerdo con los términos que Él establece y oras conforme a su voluntad. Por lo tanto, la verdad la obtenemos no al leer solamente un pasaje, sino al tomar todos los pasajes sobre el tema y considerarlos un todo.

Por eso el pasaje en Hebreos 10:26 no quiere decir lo que no quiere decir. Pero entonces, ¿qué significa?

Fijémonos en dos de las palabras de este pasaje: "pecado" y "sacrificio". El pecado del que se habla aquí es el pecado de la incredulidad. En el libro de Hebreos encontrarás que el pecado al que se hace referencia es la incredulidad ante la Palabra de Dios. Se trata de la negativa resentida y empecinada de seguir adelante.

En el Antiguo Testamento, Israel hizo voto de desconfianza en Dios. El escritor de Hebreos advierte que no hagamos lo mismo que ellos. "A los que hizo lamentarse durante estos cuarenta años". Fueron aquellos que pecaron en el desierto, cuyos cuerpos quedaron en terreno baldío y a los que el Señor juró que no entrarían en su reposo, aquellos que no creyeron. Por lo tanto, vemos que no pudieron entrar por causa de su incredulidad. La incredulidad esencial era el problema del judío, motivo por el cual el escritor de Hebreos dice: "Ustedes hebreos, y tienen la misma tendencia que padecieron sus antepasados cuando en los tiempos antiguos decidieron no tener confianza, a pesar de que en aquella época disponían de sacrificios". Tenían los sacrificios que presentaban los sacerdotes.

En Jesucristo se produjo el cumplimiento de todos esos sacrificios. Los judíos del Antiguo Testamento solían ofrecer un sacrificio y ser perdonados de sus pecados, y si volvían a pecar ofrendaban otro cordero, y otro; pero ahora, dice el hombre de Dios, ya no hay más sacrificios como los del Antiguo Testamento. No vayas a fijarte en los antiguos sacrificios, porque han quedado obsoletos, no tienen sentido porque se han cumplido en Cristo. "Porque la ley, teniendo la sombra de los bienes venideros, no la imagen misma de las cosas, nunca puede, por los mismos sacrificios que se ofrecen continuamente cada año, hacer perfectos a los que se acercan... pero Cristo, habiendo ofrecido una vez para siempre un solo sacrificio por los pecados, se ha sentado a la diestra de Dios" (He. 10:1, 12). Por consiguiente, no hay ningún otro sacrificio. Y si insistes en volver atrás y estás siempre dominado por la incredulidad y la rebeldía empecinadas, si te apartas ahora de este sacrificio último y definitivo y vuelves a tus altares, estos no cuentan para nada, porque ya no hay más sacrificio por el pecado.

Si no es Jesucristo, no hay sacrificio. Si persistes en tu pecado no tienes otro lugar al que acudir; no imagines que puedes volver atrás y ofrecer otro cordero, regresando a un altar. No puedes hacerlo, dice el Espíritu Santo en este pasaje mediante el escritor de Hebreos. Pero si buscas un juicio para todos nosotros, es este: elegir a Cristo o la perdición eterna. Si nos apartamos de Él y seguimos pecando voluntariamente, negándonos a caminar con Él, no hay ningún otro lugar, no queda ningún sacrificio por el pecado. Los antiguos sacrificios de los hebreos se acabaron, de modo que hay que elegir entre Jesucristo nuestro Señor o la perdición eterna, o bien esperar con temor un juicio que devorará a sus adversarios.

No hay lugar donde esconderse. Por lo que respecta a los escondrijos falsos que crea la gente, es imposible esconderse del juicio de Dios. Si rechazas la sangre de Jesús y buscas una esperanza en otro lugar, como se sentían tentadas a hacer estas personas en el libro de Hebreos, estás buscando otro sacrificio, que ya ha sido abolido y descartado.

En el libro de Hebreos, se rechazan por completo todos los sacrificios del Antiguo Testamento y se establece a Jesucristo el Señor como el único sacrificio válido. Y no importa cuántos pecadores deliberados haya, la sangre de Jesucristo sigue limpiándonos de todo pecado. ¿Qué otro tipo de pecado podría haber si no es el deliberado?

Cuando un hombre pierde los estribos, ¿lo hace deliberadamente? Supongo que no. Pero si pierde los estribos y le da una paliza a su prójimo, ¿en qué punto exacto dejan sus actos de ser espontáneos y se convierten en deliberados? No creo que Dios haga mucha diferencia entre un pecado que es un estallido espontáneo de rabia, lujuria o cualquier otro tipo de pecado y otro que no lo es. Si un hombre quiere hacer algo y sigue pecando, regresando a la antigua Israel y a los altares, a los viejos sacrificios, el hombre de Dios nos dice: "No lo hagan, ya no existen; ya no queda sacrificio válido. Avancen en la perfección, busquen a Jesucristo que es su Señor y que ofreció un sacrificio eterno por el pecado".

No hay lugar donde ocultarse excepto la sangre del Cordero

Cuando la gente dice "Dios es amor y no puede condenar", me gusta torpedear esa afirmación, porque es un escondrijo artificial. Dicen: "No creo que exista el infierno". Esa también me gustaría destruirla, porque es un escondrijo falso. No hay lugar donde esconderse. Por lo tanto, refúgiate en la sangre del Cordero. Aparte de ella no hay un lugar donde ocultarse ni otro sacrificio por el pecado, ni penitencia, justicia, buena obra, ofrenda de un cordero, un palomino o una novilla. Ahora todo eso ha pasado; no hay escondite válido.

Si eres nervioso o sensible, cuando sientes que le has fallado a Dios o incluso cuando no lo has hecho, la tentación es tomártelo a pecho y empezar a culparte. Si permites que esto cristalice creando un estado de morbosidad, puedes odiarte a ti mismo, condenarte, negarte a perdonarte y negarte a creer que Dios te perdona, hasta el punto de convertir tu mente en una ruina.

La religión no te hizo de esta manera. Ya eras así, y no dejaste que la religión te enderezase. Pero solo hay un pecado imperdonable, que es el pecado de atribuir al diablo las obras del Espíritu Santo; este es el pecado imperdonable. Este es el único pecado que Dios no perdonará. Todos los pecados serán perdonados a los hijos de los hombres excepto el pecado imperdonable, que no es de lo que estamos hablando ahora.

Recuerda siempre esto: el cristiano preocupado no ha cometido el pecado imperdonable. Porque una parte del estado psicológico del hombre que ha cometido el pecado imperdonable consiste en que no sabe que lo ha hecho. Y cuando oyes a alguien que se lamenta por temor a haber cometido el pecado imperdonable, siempre puedes estar seguro de que no lo ha cometido. En la Biblia, quienes lo cometieron estaban seguros en su arrogancia de que eran justos y se reían si alguien les decía que habían cometido el pecado imperdonable. Y las personas pobres, abatidas, heridas por el pecado que lloraban a los pies de Jesús, pensando haber cometido el pecado imperdonable, no lo habían hecho.

Por lo tanto, si te encuentras entre los sensibles, entre quienes se angustian nerviosos hasta el punto de sentirse heridos y condenados por sí mismos, y te preguntas si has cometido el pecado imperdonable, y meditas sobre la afirmación "ya no hay más sacrificio por el pecado", debes saber que ambas cosas no son lo mismo. Una mente atribulada siempre puede hacer que sean sinónimos. Pero recuerda la norma básica: si estás preocupado, no has cometido el pecado imperdonable. Si hubieras cometido este pecado, no estarías inquieto por haberlo hecho.

El grado de nuestro disfrute de la presencia de Dios depende de que conozcamos nuestra posición delante de Dios. No es un secreto que el diablo aborrece nuestro gozo en el Señor y luchará con todas sus fuerzas para arrebatarnos esta alegría santa. Nada molesta más al diablo que un cristiano que se deleita en la presencia de Dios.

Espero que esta verdad anime a las pobres ovejas atribuladas del Señor; pero también espero que no les anime a ser descuidadas, porque no queremos ser cristianos descuidados. Queremos caminar cautelosamente, porque se acerca ya ese último día.

Queremos tener una esperanza alegre, por la bondad de Dios y por la eficacia infinita de la sangre del Cordero. No necesitamos otro sacrificio por el pecado.

Solo creed

Paul Rader (1879-1938)

De la cruz hasta la gloria,
no temáis, pequeña grey:
pues de la muerte a la vida
fue por nosotros el Rey.
Todo poder en la tierra,
y en los cielos potestad,
le concedió Dios el Padre
para a los suyos cuidar.

No temáis, pequeña grey,
pues Él camina en cabeza;
nuestro pastor va buscando
el sendero con certeza.
De Mara las aguas amargas
hará dulces por nosotros,
pues su amargura y su carga
bebió en la cruz ya por todos.

No temáis, pequeña grey,
aun viviendo en el pesar;
pues Él llega a todas partes,
y siempre os ha de ayudar.
Nunca os perderá de vista,
no se va de vuestro lado,

ni en la noche más oscura
ni en la mañana temprano.

Solo creed, solo creed;
todo es posible, solo creed;
solo creed, solo creed;
Él da victoria, solo creed.

14

Mantengamos nuestra confianza espiritual en la presencia de Dios

No perdáis, pues, vuestra confianza, que tiene grande galardón; porque os es necesaria la paciencia, para que habiendo hecho la voluntad de Dios, obtengáis la promesa. Porque aún un poquito, y el que ha de venir vendrá, y no tardará. Mas el justo vivirá por fe; y si retrocediere, no agradará a mi alma. Pero nosotros no somos de los que retroceden para perdición, sino de los que tienen fe para preservación del alma.

Hebreos 10:35-39

La clave para conservar nuestra experiencia en la presencia de Dios es un espíritu de fervor. Venir a la presencia de Dios solo es la mitad de la batalla. Permanecer en ella es la parte más difícil. Habrá muchas cosas que se interpongan en nuestro camino para obstaculizar nuestro progreso y desviar nuestra atención de esto, sobre todo una vida muy ajetreada. Nuestro fervor en esta área necesita el combustible adecuado, porque si no desaparecerá.

A un cristiano se le puede derrotar por completo muy fácilmente si se centra siempre en la faceta peligrosa de las cosas, sin admitir o reconocer el bien cuando se lo encuentra. El hombre de Dios que escribió el libro de Hebreos no cometió ese error. Nuestro Señor, tampoco. Pero aunque eran muy fieles para reprender, corregir, exhortar y advertir, al mismo tiempo tuvieron mucho cuidado de animar. Aquí tenemos un pasaje alentador de las Escrituras, destinado a levantarte el ánimo. El escritor de Hebreos dice: "Traed a la memoria los días pasados" (He. 10:32).

Este es el uso correcto de "memoria". Consiste en unir nuestro ayer con nuestro hoy y nuestro mañana. Si no tuviéramos memoria de lo que ha sido, seríamos vegetales, no personas. Por el misterio y la maravilla de la memoria, hacemos que el ayer sea hoy y el hoy sea mañana. Como nuestra memoria une las cosas, nuestra vida humana es como un cuadro.

Un pintor empieza su lienzo por un rincón o en la parte superior o inferior, y aplica una pincelada tras otra, una línea tras otra, color sobre color y tono sobre tono. Cuando ha acabado, tiene un cuadro compuesto por todas las pinceladas que aplicó durante el tiempo en que lo estaba pintando.

La vida humana se parece mucho a esto. ¿Qué pasaría si un pintor diera una pincelada y entonces, cuando mojara el pincel para aplicar la siguiente, la anterior desapareciera, y eso siguiera igual durante todo el proceso de pintura? Cuando aplicara la dos, la uno desaparecería; cuando pusiera la tres, se borraría la segunda. Cuando acabara, tendría un cuadro en blanco. La única pincelada que quedaría sería la última que aplicase, y además desaparecería pronto. La vida no es así. La vida debe ser un conglomerado de todas sus experiencias, de modo que se nos exhorta a recordar, y este es el uso correcto de "memoria".

Hay quien dice que no deberíamos recordar, y citan al apóstol Pablo cuando dijo que había olvidado lo que quedó atrás (ver Fil. 3:13). Esto es un malentendido, porque forzamos una frase al sacarla de su contexto. Toda figura literaria o pasaje de las Escrituras, cuando se manipula su significado adecuado y no lo corregimos al recurrir a otros pasajes de la Biblia, te confundirá. Por ejemplo, si tomas la Palabra "levadura" y le das siempre un significado negativo, tú mismo te confieres autoridad para hacer eso. Pero si lo haces, te perderás buena parte del significado de las Escrituras.

Tomemos la expresión "muertos en sus pecados". La Biblia dice: "Pero la que se entrega a los placeres, viviendo está muerta" (1 Ti. 5:6). Como la Biblia enseña que los pecadores están muertos, algunos afirman en consecuencia que una persona está muerta. Es incapaz de pensar, de ayudarse a sí misma, de razonar o de querer hacer el bien. No logra decidirse a hacer el bien o a arrepentirse. Es incapaz de hacer nada a menos que haya sido regenerada por un acto soberano y arbitrario de Dios. Entonces se arrepiente, cree y se vuelve a Dios solo después de haber sido regenerada. Esto es tomar el pasaje de las Escrituras que dice "muertos en sus pecados" y hacer que sea, simplemente, ridículo. Por supuesto, lo que quiere decir este pasaje es que ese individuo concreto está muerto a Dios; en este caso, la persona está muerta a Dios, al bien, a la justicia, al cielo, pero dista mucho de estar muerta en el sentido físico de la palabra.

Algunas mujeres que aman el placer están muy lejos de estar muertas. Sostienen el negocio de tiendas de cosmética y demás gracias a la cantidad de ornamentos extra que compran. También dan trabajo a los modistas y a los sombrereros; además, vuelven locos a sus maridos para que les proporcionen siempre coches nuevos con los que desplazarse, y por lo general están vivitas y coleando. Pero están muertas en el sentido en que lo dice la Biblia.

Lo mismo sucede con las ovejas. En Juan 10:27, Jesús dice: "Mis ovejas oyen mi voz, y yo las conozco, y me siguen". Si entendiéramos esto como si dijera siempre que el pueblo del Señor está compuesto de ovejas, es evidente que ya no seríamos personas; tendríamos que ser ovejas. Pero es una figura del lenguaje. Por lo tanto, cuando Pablo dice: "Olvidando ciertamente lo que queda atrás, y extendiéndome a lo que está delante" (Fil. 3:13), no quiere decir que debamos dejar de recordar todo lo pasado y permitir que las pinceladas de nuestra existencia desaparezcan como tinta que se borra. Si lo hiciéramos, tendríamos una memoria vacía y careceríamos de experiencia.

Olvídate de lo que no ayuda en nada

¿Qué olvidaba Pablo? Pablo intentaba olvidar qué tipo de hombre había sido antes. "Aunque yo tengo también de qué confiar en la carne. Si alguno piensa que tiene de qué confiar en la carne, yo más: circuncidado al octavo día, del linaje de Israel, de la tribu de Benjamín, hebreo de hebreos; en cuanto a la ley, fariseo; en cuanto a celo, perseguidor de la iglesia; en cuanto a la justicia que es en la ley, irreprensible. Pero cuantas cosas eran para mí ganancia, las he estimado como pérdida por amor de Cristo" (Fil. 3:4-7). Olvidó estas cosas y siguió adelante, sin permitir que los recuerdos del ayer le frenaran. Es decir, que el uso correcto de la memoria consiste en recordar las cosas que nos ayudan, e intentar olvidar las que no lo hacen.

Pablo olvidó solo aquellas cosas que le ralentizaban y le impedían hacer progresos, pero dijo que debemos recordar otras cosas. En cualquier momento de crisis, recuerda tu pasado. Trae a tu mente tu combate de aflicción cuando te convertiste al cristianismo. Recuerda que, según Hebreos 10:33-35, eres "espectáculo" (expuesto públicamente a las críticas). Ten en cuenta que has soportado que saqueen tus bienes (que roben tu propiedad), sin perder por ello tu confianza, como un soldado o un grupo de ellos que se asustan de repente, se descorazonan, tiran las armas (la única protección que tienen) y corren desesperados hacia la retaguardia. Un cristiano puede verse en la misma circunstancia.

Algunos predicadores nos dan la sensación de que el cristianismo es una nube de color rosa sobre la cual Dios nos transporta al cielo por los aires, sin que haya disciplina, sin voluntad, sin propósito, sin confianza firme; una sencilla oleada de emoción nos lleva hacia lo alto. La Biblia tiene más que decir sobre la confianza y los votos, el propósito, la voluntad y la determinación, que sobre la alegría. El Señor sabe que un hombre puede ser feliz y sin embargo ser un sinvergüenza, pero el Señor también sabe que si un hombre endurece su rostro como el pedernal para hacer la voluntad de Dios no será un canalla, sino que avanzará por la vida.

Satanás intenta aterrorizar al pueblo de Dios y hacer que huyan en estampida. Dios nos dice: "Ustedes no son soldados noveles; ¿no recuerdan cómo una vez, al principio de su vida cristiana, padecieron por amor a Cristo? Recuerden su gran combate de aflicción. Acuérdense de que fueron hechos un espectáculo; la gente los miraba como si fueran un ternero de tres cabezas en un zoológico. Les miraban como si estuvieran completamente locos. Recuerden eso, recuerden la aflicción que soportaron; recuerden que fueron compañeros de personas afligidas y perseguidas, y acuérdense de que perdieron sus propiedades por amor a Cristo; perdieron sus bienes por amor a Él. Por consiguiente, tengan valor y mantengan su confianza".

Satanás intenta aterrorizar, pero Dios dice: "Porque aún un poquito, y el que ha de venir vendrá, y no tardará" (He. 10:37). Vendrá ahora, para ayudarte en el presente si lo necesitas y cuando lo necesites, o vendrá cuando regrese a este mundo, una de dos. El Señor vendrá, de modo que no te inquietes por eso. Yo creo en esto. Vendrá para acabar con el mal y coronar a los justos.

Vive por fe, no por tus sentimientos

"El justo vivirá por su fe", no solo por sus sentimientos. En este pasaje la fe es una confianza absoluta. No es el acto de creer ya concluido. No es algo que hagas una vez y luego ya está. Es una confianza completa que permanece contigo toda la vida. La fe es una confianza absoluta. Es un estado de confianza que se mantiene, un estado de confianza primero en Dios. Debemos creer en Dios, y también en su Hijo Jesucristo, en la obra que hizo por nosotros y en la que está haciendo ahora a la diestra de Dios. Debemos mantener ese estado de confianza en las promesas de Dios y la certidumbre de que Él vendrá a nuestro rescate. Un cristiano depende por entero de Dios. Su confianza está puesta en Él, y el escritor de Hebreos dice aquí que nos hemos apartado del mundo y estamos apegados a Jesucristo; de modo que ten confianza y mantenla, porque "el justo vivirá por su fe".

Hay muchas ocasiones en las que carecerás de todo sentimiento espiritual; de modo que, cuando lleguen esos momentos, vive por fe. El escritor Thomas à Kempis, del siglo XV, dijo: "Cuando el Señor me retira su consuelo, es cuando ya no siento deseos de cantar. Cuando me retira su consuelo, mi misión consiste en sentirme desconsolado hasta que el Señor me consuele de nuevo". Por lo tanto, hemos de conservar nuestra confianza, pero es una confianza a largo plazo, no una pretenciosa exigencia de justificación inmediata.

Recientemente se han escrito libros sobre la oración que nunca se deberían haber escrito y, lamentablemente, muchas personas los compran. Tienen poco discernimiento, de modo que compran un libro que tiene una portada bonita y lo leen. Muchos libros sobre la oración se dedican, como dijo alguien, a obtener cosas de Dios. Ese fue el título de su libro, *Getting Things from God* ("Obteniendo cosas de Dios"; de Charles A. Blanchard, publicado en 1915). Dios tiene cosas, y tú y yo las recibimos de Él.

Sin duda este es un aspecto de la oración, pero solo un aspecto.

Desarrolla la visión a largo plazo

El undécimo capítulo de Hebreos es el capítulo de la fe, y descubrirás que las personas de las que se habla, mientras vivieron en este mundo, recibieron muy pocos de los frutos de la fe. Tenían una fe a largo plazo, que miraba al futuro y se atrevía a considerar las cosas que no existían como si existieran, y las cosas que existían como si no lo hicieran. Se atrevían a creer en la visión a largo plazo, de modo que la mayoría de ellos murió sin ver el cumplimiento de las promesas, y ahora están con el Señor; las almas de los justos están en manos de Dios. El antiguo libro apócrifo titulado *Sabiduría de Salomón* dice esto: "Mas las almas de los justos están en las manos de Dios, donde no les alcanzará tormento alguno. A los ojos de los ignorantes parecen estar muertos, y su partida se considera triste, y su alejamiento de nosotros, la destrucción completa: pero están en paz" (3:1-3).

Los hombres de fe en el capítulo 11 de Hebreos no eran los cristianos "que insertan monedas en la máquina", los que acuden al Señor para obtener cosas de Él. Creían a Dios sobre cosas demasiado grandes como para obtenerlas en ese momento. Si estás satisfecho con joyas de diez centavos, quizá Dios esté dispuesto a dártelas ya; pero para las grandes cosas, las cosas poderosas, Dios te hace esperar para disciplinarte.

Si quieres un champiñón, crecerá de la noche a la mañana. Con solo que llueva, por la mañana tendrás uno. Pero si lo que quieres es un roble, espera 70 años, adopta la visión a largo plazo y cree para el futuro. Creo que es totalmente posible ser arrogante y exigente, acercarse a Dios y decirle: "Señor, dame esto, esto y eso otro, y además, aquello". Y a veces el Señor nos lo da, pero fíjate qué dicen las Escrituras al respecto: "Y él les dio lo que pidieron; mas envió mortandad sobre ellos" (Sal. 106:15).

No digo que Dios no responda a las oraciones. Hay momentos, instantes críticos, cuando Dios responde de inmediato a las oraciones. Hay momentos en los que tiene que responder en ese mismo instante. Hay ocasiones en las que Dios tiene que enviar la respuesta mediante correo urgente, porque no hay tiempo de esperar al correo ordinario, y entonces lo hace. Yo le he visto hacerlo. Este es un aspecto de la oración y una faceta de la fe.

El otro aspecto es la visión a largo plazo: "El justo vivirá por su fe". Por la mañana se siente bien; da gracias a Dios y sigue con su vida. Si por la mañana no se siente bien, dará gracias a Dios y seguirá con su vida.

Recuerdo que una vez escuché el testimonio de un hombre que en aquel momento me hizo sonreír, pero creo que sus palabras contienen una gran sabiduría: "Me siento tan bien cuando no me siento bien como cuando me siento bien". Yo creo en este tipo de cristianismo. Dios se complace en este tipo de cosas. Si un hombre solo amase a su esposa cuando se siente bien, y en cuanto le diera dolor de cabeza o sintiera dolor en el pecho ya no la amase, todos los hogares de este mundo de desharían de la noche a la mañana. Pero el hecho claro es que el amor no es algo que depende de tus emociones del momento, a pesar de lo que diga Hollywood. El amor es algo fijo y asentado. Debemos tener la determinación firme de identificarnos con la causa de Dios.

La determinación de seguir a Jesús

En el Antiguo Testamento, Elías depositó su manto sobre Eliseo. Eliseo entendió el significado y decidió seguir al profeta. En ese instante, cuando superó esa valla y se unió al profeta, se dijo: "Lo he entregado todo por servir a Elías", y lo hizo. Y se dijo también: "Si mi ganado viviera, me sentiría tentado a regresar a cuidarlo; y si tuviera buenos arados de madera, me sentiría tentado a volver a ellos. Sé lo que haré: mataré a mis animales y usaré los arados como leña, y celebraremos una gran fiesta para celebrar el hecho de que he dejado la granja y he empezado a servir a un profeta".

Eliseo tomó una decisión, y si la esposa de alguien u otra persona le decían más adelante: "Eliseo, ¿nunca has pensado en volver atrás?", Eliseo respondía: "¿Volver a qué? Las vacas están muertas. ¿Volver a qué? Ya no tengo arados, los convertí en cenizas. No tengo un lugar al que regresar". Tenía la firme determinación de seguir a Cristo.

Creo que deberíamos enseñar esto a los jóvenes cristianos. Debemos asimilar la idea nosotros, y luego enseñarla y demostrar a los jóvenes que cuando se convierten en cristianos un aspecto de su conversión es la determinación sólida de seguir a Jesucristo, independientemente de lo que les cueste o de cómo se puedan sentir en un momento determinado.

Los sentimientos de un cristiano son como las monedas sueltas que llevas en el bolsillo: van cambiando. Debemos tener la confianza firme de que estamos de parte de Dios.

Un estupendo y joven médico que recién había obtenido su título me hizo una visita de dos horas y cuarto. Hablamos de cosas relativas a su vida, a los psicólogos, los antropólogos y todos los demás, cosas que han inquietado mucho a los jóvenes, muchísimo. Dicen que lo que estaba bien para nuestros padres no lo está para nosotros, y que aquello en lo que creían nuestros padres no es lo que debemos seguir creyendo. "¿No se da cuenta, señor Tozer, de que nuestro pueblo cristiano antes creyó que esto estaba mal y ahora lo acepta?". Es decir, que relativizaban la moral. Esto es lo que se llama la relatividad moral: no hay nada fijo, y nada está bien por sí mismo. Todo es relativo. Si crees que está bien, entonces está bien; si no crees que está bien, no lo está. Todo depende.

Un cristiano sabe que no es así; se ha afirmado, cree en Dios Padre todopoderoso. Cree en su Hijo santo que murió por él. Cree en la voluntad de Dios como su justicia. Cree en la Biblia como la revelación fija de la verdad divina.

Tenemos amigos menonitas y amish en el estado de Pennsylvania que no conducen automóviles; conducen carros de caballos. Yo, por mi parte, no le veo ninguna moralidad a eso; es decir, no veo diferencia alguna entre un carro de caballos y un automóvil, excepto en lo tocante a la comodidad y a la velocidad; no es más que un medio de locomoción. Estoy dispuesto a dejar que ellos tengan su propia opinión. Pero no es ahí donde ponemos la mente; ponemos la mente en hacer la voluntad de Dios. Puedes hacer la voluntad de Dios en un avión. Supongo que podrías hacer la voluntad de Dios en una cápsula espacial, pero ese es un lugar donde no tengo previsto hacerla a menos que Él me envíe; y, por supuesto, si me envía, iré. Dudo que me elija para esa misión.

Todos tenemos que fijar nuestras mentes mediante una determinación firme y a largo plazo: que soportaremos la cruz sin cesar y llegaremos todo lo lejos que podamos sin quejarnos.

Leí una historia sobre una encantadora anciana sueca que estaba moribunda. Era una creyente muy dulce, y oraba al Señor en inglés pero con cierto acento, y testificó diciendo: "Mi Padre ha estado conmigo todos estos años, me ha bendecido y me ha apartado del pecado... casi siempre". Al menos era sincera.

Era una aproximación, pero recordaba unas cuantas cosas que no podríamos calificar precisamente como rectitud. Por eso dijo "casi siempre". Creo que tenemos el deber de llevar la cruz y hacer la voluntad de Dios. Y si hubiera necesidad de un pequeño paréntesis, un pequeño "casi" que utilizamos, sé sincero con Dios. Pero intenta llevar la cruz y vivir para otro mundo que no es este, y servir a Dios y esperar su momento, y perder todo lo que Dios te llame a perder, sea lo que fuere. No pasa nada. Piérdelo y honra a Dios en todo. Esta es una determinación firme.

Dios nos dice: "Quiero llamarles al recuerdo, que recuerden cómo han vivido, que no les entre el pánico y no renuncien, que no se desanimen ni tiren la toalla porque las cosas no salgan como creen que deberían ir, ya sea en su vida, en su iglesia o en su hogar". No abandones tu confianza; el justo vivirá por su fe. Esto me hace sentir bien solo por el hecho de oírselo decir al Señor;

solo por saber que esta es la manera en que Dios quiere que viva su pueblo. No nos da unas alitas y luego nos dice que volemos.

Dice: "El justo por la fe vivirá, y caminamos por fe, no por vista". Dice que, si algún hombre se vuelve atrás, lo hace por temor, por amor a este mundo o a la vida, o movido por la impaciencia. Si Dios no responde a su oración, quiere enfadarse y abandonarle. Esto no es fe. Siendo creyentes, no somos de los que se echan atrás; más bien, somos de los que creen.

Lo que debe preocuparnos no es cómo nos sentimos, sino en qué creemos y con cuánta firmeza lo creemos.

Tenemos el aspecto de los demás, pero no somos como otros; somos el pueblo de Dios. Y cuando celebramos la Cena del Señor, es un recordatorio: "Haced esto en memoria de mí" (Lc. 22:19). Cuando echamos la vista atrás y vemos todo lo que ha hecho Dios, y al futuro, a todo lo que hará, esto cohesiona nuestro ayer, nuestro hoy y nuestro mañana.

Hoy, ayer y por los siglos

A. B. Simpson (1843-1919)

¡Oh, cuán dulce es el mensaje
de la sencilla fe!
Hoy, ayer y por los siglos
Cristo es siempre fiel.
¡Gloria, pues, a Él!
¡Gloria, pues, a Él!
Pruebas hay, mas Cristo siempre
permanece fiel.

Hoy, ayer y por los siglos
Cristo es siempre fiel.
Cambios hay, mas Cristo siempre
permanece fiel.
¡Gloria, pues, a Él!
¡Gloria, pues, a Él!
Cambios hay, mas Cristo siempre
permanece fiel.

15

La práctica cotidiana de la presencia de Dios

Conforme a la fe murieron todos éstos sin haber recibido lo prometido, sino mirándolo de lejos, y creyéndolo, y saludándolo, y confesando que eran extranjeros y peregrinos sobre la tierra. Porque los que esto dicen, claramente dan a entender que buscan una patria; pues si hubiesen estado pensando en aquella de donde salieron, ciertamente tenían tiempo de volver. Pero anhelaban una mejor, esto es, celestial; por lo cual Dios no se avergüenza de llamarse Dios de ellos; porque les ha preparado una ciudad.

Hebreos 11:13-16

No es lo que una persona hace de vez en cuando lo que la define, sino más bien lo que hace regularmente. Todo el mundo puede hacer algo ocasionalmente, pero la mayoría de las veces suele ser accidental.

El jugador de béisbol que de vez en cuando consigue un jonrón pero que todas las demás veces falla, no tiene fama de ser el rey del jonrón. Todo el mundo puede tener un buen día de vez en cuando, pero los verdaderos profesionales del jonrón son aquellos que lo consiguen una y otra vez. O, por cambiar un poco la ilustración, pensemos en alguien que está enfermo y va al médico, quien le receta un medicamento que le ayudará.

Las instrucciones indican que el enfermo debe tomar la medicación regularmente hasta que la acabe. En una semana regresa al médico en el mismo estado que la semana anterior, sin haber experimentado mejoría.

"¿Se ha tomado la medicina?", pregunta el médico.

"Solo de vez en cuando, cuando me parecía", contesta el hombre.

Podemos sonreír frente a algo tan absurdo como esto, pero sin embargo existen muchos paralelos espirituales. Nuestra salud y nuestra vitalidad espirituales se fundamentan en el establecimiento de las disciplinas y los hábitos espirituales correctos. A la gente le repele la idea de los hábitos, y los consideran una mera rutina. Sin embargo, la rutina es lo más productivo de todo.

Tanto si lo admiten como si no, todo el mundo tiene hábitos, pero solo unos pocos construyen cuidadosamente sus hábitos para fomentar su crecimiento y desarrollo espirituales. ¡Cuán pocas personas del pueblo de Dios experimentan la plenitud de su salvación! A muchas les satisface su destino, pero no prestan atención al viaje. La experiencia día a día de la presencia de Dios es algo totalmente ajena para muchos cristianos.

En el Antiguo Testamento, Enoc se preocupó tanto de caminar con Dios que las cosas de este mundo se volvieron extrañamente difusas a sus ojos. "Caminó, pues, Enoc con Dios, y desapareció, porque lo llevó Dios", dice la Biblia. Creo que una vez que una persona experimenta realmente la presencia consciente y manifiesta de Dios, perderá interés por todo lo demás en este mundo. Ya no se contentará con los himnos que no dicen nada. El aluvión de entretenimiento que ha inundado la Iglesia le hará sentir un tremendo vacío interior. Y el culto a la personalidad, que ha atrapado a la Iglesia en estos tiempos, ya no le causará admiración. Todas las cosas que antes le agradaban dejarán de interesarle. Ha descubierto algo muy superior en la presencia de Dios.

Tengo unas palabras de ánimo para el cristiano serio. A los que no se toman la fe en serio, sino que son meros curiosos, en realidad no tengo nada que decirles. Pero todo aquel que aplique una disciplina espiritual sencilla en su vida cotidiana verá una diferencia maravillosa en su caminar espiritual.

La disciplina de apartarse del mundo

Por muchas veces que diga que el mundo está demasiado con nosotros, nunca serán suficientes. A menudo me he preguntado por qué, después de obtener la victoria sobre el mundo, alguien querría volver a meterse en él y permitirle invadir su vida de nuevo. Hay que entender, claramente, que el mundo que nos rodea está en conflicto con la Palabra que llevamos dentro. Los dos son absolutamente incompatibles. Jesús lo dejó claro cuando dijo: "en el mundo, pero...". Con esto quería decir que, aunque estamos en el mundo, el mundo no está en nosotros.

Estamos rodeados de evidencias de lo difícil que resulta romper la tiranía del mundo. Una vez el mundo nos agarra, se niega a soltarnos. No es difícil ver esto, por ejemplo, en el impulso a pasarlo bien y divertirse. No cabe duda de que vivimos en una generación de la diversión. A menos que lo pasemos bien, y a menos que algo nos entretenga, nos apartaremos para buscar algo que sí lo haga. No me sorprende que esto sea así en el mundo, pero me decepciona mucho que se haya introducido en la Iglesia.

Hoy día las iglesias se edifican sobre la premisa del entretenimiento y la diversión. En algunos lugares sería bastante complicado conseguir un público a menos que les suministrásemos mucho entretenimiento y diversión. Peor que eso (si es que hay algo peor) es el apetito por la lujuria y la codicia. No me cuesta mucho entender que esto sea así en el mundo; pero es terrible que la lujuria y la codicia sean los motores de la vida personal y profesional de aquellos que han sido liberados por el poder de Dios.

El motivo por el que subrayo esto es que todos estos son obstáculos para experimentar la presencia de Dios. Si puedo decirlo así, son sustitutos baratos de la experiencia real de Dios. Estos elementos del mundo embotan nuestra percepción de la presencia de Dios entre nosotros.

Nos obstaculizan de diversas maneras. La primera es nuestra capacidad de concentración. Actualmente, la mayoría de personas no logra concentrarse en una sola cosa durante un dilatado periodo de tiempo. Esta es una victoria para el enemigo del alma humana. El plan predominante del diablo es ocupar a una persona con cosas que no sean espirituales. Lamentablemente, cuenta con la cooperación del mundo que nos rodea para alcanzar esta meta. Y no encuentra mucha resistencia.

Otro obstáculo se encuentra en el ámbito de las expectativas. Más adelante hablaré de esto con más detalle. Ahora baste decir que la expectativa del cristiano cada día apunta en la dirección del mundo que le rodea, en lugar de esperar la presencia del Señor. Creo que esta es una disciplina muy importante para nosotros: distanciarnos del mundo y de sus distracciones; ser conscientes del peligro que acecha alrededor de nosotros, y hacer algo al respecto.

Todo el mundo necesita encontrar una manera de disciplinarse para no seguir la corriente del mundo.

La disciplina de meditar en la Palabra de Dios

Esta es la disciplina suprema para todo cristiano. Tras su conversión a Cristo, todo creyente siente una sed insaciable de la Palabra de Dios. Antes de la conversión, quizá haya sentido cierta curiosidad por la Biblia y los relatos que contiene. Pero ahora, como cristiano, es una situación totalmente distinta. La Palabra de Dios se convierte en nuestro alimento, mediante el cual crecemos en la gracia y en el conocimiento de nuestro Señor Jesucristo.

Hoy día se habla mucho del arte de la meditación, y buena parte de lo que se dice es peligroso. Déjame que te diga sencillamente que la meditación aislada de la Palabra de Dios es bastante arriesgada, y nos expone a los engaños del enemigo. Hay quienes nos enseñan que debemos vaciar nuestras mentes (a algunos les cuesta poco hacerlo) y centrarnos en nuestro interior. Dentro del alma de una persona no hay nada sobre lo que valga la pena meditar. La verdadera meditación empieza con la Palabra de Dios.

Aquí debo advertir que la Biblia no es un fin en sí mismo. No se nos dio la Biblia como sustituto de Dios hasta que lleguemos al cielo. Más bien, la Biblia debe conducirnos directamente al corazón y a la mente de Dios. Los cristianos contemporáneos no parecen entender esto. La escritora de himnos Mary Anna Lathbury, según apreciamos en su himno maravilloso "Parte tú el pan de vida", sí entendía de qué se trata esto. Una de las frases que usa lo explica:

> Más allá de santas páginas yo te busco, mi Señor;
> y mi espíritu te anhela, ¡oh, Tú el Verbo, Salvador!

Algunos cristianos leen la Biblia solo para encontrar textos de comprobación que puedan usar en su testimonio, lo cual se parece más a discutir que a dar testimonio. Acudir a la Palabra por algo menos que encontrarse con Dios roza el sacrilegio. Muchos acuden a ella para demostrar una teoría. Otros, para fundamentar una doctrina. Sin embargo, esto es un error.

Debemos disciplinarnos para acudir a la Palabra con una anticipación santa, para reunirnos con Dios. La triste situación en que se encuentran muchas personas hoy es que van a la Biblia y no se alimentan.

Yo sugiero que nos disciplinemos a leer la Biblia hasta que se vuelva viva, hasta que casi podamos sentir el aliento de Dios sobre nosotros. David se sentía así, sobre todo cuando escribió: "Como el ciervo brama por las corrientes de las aguas, así clama por ti, oh Dios, el alma mía" (Sal. 42:1). Sabía lo que era tener sed de Dios.

Un querido santo de Dios nos dio la enseñanza de que deberíamos nutrir nuestra alma con pensamientos elevados sobre Dios. Esto solo se puede hacer mediante las Escrituras. Cuando acudimos a la Biblia lo hacemos con la anticipación santa de reunirnos con Dios. Además, parte de la disciplina de la meditación en las Escrituras es permitir que estas limpien nuestros pensamientos y conviertan nuestra mente en un santuario limpio y adecuado, agradable al Señor.

A menudo, cuando medito en las Escrituras hay un versículo o una palabra que me llaman la atención. Siento la tentación de seguir adelante, pero he descubierto que, al disciplinarme de esta manera, al luchar con las Escrituras, el resultado es una experiencia con Dios.

La disciplina de la soledad

Otra disciplina que nos lleva a la práctica cotidiana de la presencia de Dios es la de la soledad. Vivimos en un mundo muy ruidoso. Alrededor de nosotros hay ruidos y voces que son muy molestos.

¿Habrá nacido alguna vez un ser humano incapaz de superar el impulso a hablar sin parar? A mí no hay nada que me resulte más agobiante que viajar en avión teniendo sentado delante a un niño. Casi puedo garantizar que durante el viaje el niño hablará, hablará y hablará sin cesar.

Quizá la soledad sea una de las disciplinas espirituales más difíciles. En nuestra vida y en el mundo que nos rodea todo lucha contra ella. Debido a lo difícil que es, esta disciplina es muy importante. ¿Qué puede ser más importante que sentarse en silencio en la presencia de Dios?

Muchas veces, cuando acudimos a Dios en oración, lo hacemos con una lista de la compra llena de cosas que vamos a pedirle. Yo creo en pedir cosas a Dios. Creo que es importante venir ante su presencia con una lista de cosas que queremos confiarle. Pero después de eso, hay que dedicar un tiempo a cultivar el silencio ante su presencia.

Te aseguro que esto requiere práctica y disciplina, y no será fácil. Debemos superar todas las voces que nos rodean y que exigen nuestra atención, esas voces que nos alejan de Dios pidiendo que hagamos cosas, cosas importantes, pero otras cosas a fin de cuentas.

No hay un solo cristiano vivo que no tenga que morir, y morir cada día, a los pensamientos de su propia importancia. Hay cosas que hemos de hacer, cosas que solo nosotros podemos hacer. Muchos cristianos sufren al sentirse culpables por no hacer nada. A veces, acudir ante Dios en silencio y esperar en Él consigue más que días y semanas de actividad frenética.

David lo entendía muy bien. Por influencia del Espíritu Santo, escribió: "Estad quietos, y conoced que yo soy Dios; seré exaltado entre las naciones; enaltecido seré en la tierra" (Sal. 46:10). En silencio es cuando empezamos a ver y a escuchar luego el corazón palpitante de Dios. Toda la actividad nerviosa propia de nuestra cultura nos impide llegar a conocer de verdad a Dios como Él quiere revelársenos.

Debemos superar esta estructura mental tan estadounidense que dice que un instante de silencio es un instante desperdiciado. La disciplina del silencio es el precio que pagamos por conocer a Dios.

La disciplina de la expectativa diaria de la presencia de Dios

Esto es algo que parece que damos por hecho, pero sin embargo me pregunto: ¿cuántos cristianos albergan de verdad en su espíritu la expectativa diaria de la presencia de Dios? ¿Cuántos experimentan un encuentro personal y auténtico con Dios?

Es muy importante cultivar la expectativa diaria de la presencia de Dios en tu vida. Jeremías 29:13 nos asegura: "Y me buscaréis y me hallaréis, porque me buscaréis de todo vuestro corazón". Proverbios 8:17 sostiene que: "Yo amo a los que me aman, y me hallan los que temprano me buscan".

Déjame que señale rápidamente que esta expectativa debe estar fundamentada en la Biblia, no en una esperanza esotérica. El cristiano debe repudiar sin temor todo lo que no armonice con la enseñanza clara de las Escrituras. Nuestro caminar diario no está en el vacío; más bien, queda respaldado por "así dice el Señor". Es la Palabra del Señor la que dota de dirección a nuestra expectativa diaria de la presencia de Dios.

Cada día nos ofrece una oportunidad nueva de experimentar a Dios y la comunión con Él. Nada debería ocupar más la mente del cristiano que el hecho de descubrir a Dios en su día. Recuerda que los tres muchachos hebreos se encontraron con Dios en el horno ardiente. Si no hubiera sido por el horno, nunca habrían experimentado la presencia de Dios como lo hicieron ese día. A veces luchamos tanto por alejarnos del horno que al hacerlo no logramos experimentar la presencia de Dios de esta forma única.

Creo que esta es una expectativa sagrada para nosotros. La madre lleva en su seno al bebé durante nueve meses, y la gente dice de ella: "Está esperando". Y todos sabemos lo que está esperando: esa gran alegría que cambia toda su vida desde el primer momento.

La expectativa del pueblo de Dios no es menos que esto. Es

posible que mi encuentro con Dios hoy sea de tal naturaleza que altere todo el curso de mi vida. Cuando me levanto, con la expectativa santa de habitar en la presencia de Dios, le busco en todas las circunstancias de mi día.

Te voy a dar un testimonio personal: nunca preveo pasar un día en que no experimente la presencia de Dios. Sí, hay días llenos de su presencia, y otros están tan baldíos como el desierto por el que caminaba Moisés cuando se encontró con Dios en la zarza ardiente.

Empieza el día buscando la presencia de Dios y búscale en todo momento, deleitándote en los encuentros con Él, llenos de gracia, durante toda la jornada.

La disciplina del temor reverente

Una de las cosas que me entristecen de la Iglesia actual es que existe una falta de temor reverente de Dios en medio de nosotros. Con el paso de los años, en nuestros cultos de alabanza se ha desarrollado una cruda familiaridad. Parece que entramos corriendo, agotados por las actividades mundanales, y luego salimos corriendo de nuevo sin recibir la bendición.

Creo que hemos de cultivar una sana apreciación de la presencia santa de Dios en medio de nosotros, sobre todo en nuestras asambleas. Ya no sentimos temor de Dios. Ya no nos embarga ese silencio reverente cuando, supuestamente, nos presentamos ante el Dios vivo. Nuestros cultos y nuestros cánticos son crudos, bastos y casi profanos. En mi opinión, todo esto desmerece la majestad del Cristo glorioso al que servimos.

Conocer a Dios es temerle. Y este temor consiste en amarle como merece ser amado. No es un amor burdo, irreverente, ese amor romántico que nos vende Hollywood, sino el amor santo, elevado y arrebatado de los santos que sienten fervor por su Señor.

Debo confesar que yo vivo cada día en el temor de Dios. Es

un temor saludable. Es maravilloso. Es una percepción de ese temor reverente la que envuelve mi corazón y mi mente cuando le contemplo en humildad.

La disciplina de la obediencia

La última disciplina que debo introducir es la de la obediencia. La obediencia no es algo que surja por naturaleza de ninguno de nosotros, sobre todo en el ámbito espiritual. Hay muchas cosas que militan en contra de nosotros como para ser diligentes en la obediencia a las Escrituras.

En la vida cristiana hay un factor "una vez para siempre". Nuestra salvación es una experiencia única, para siempre, pero también hemos de renovar cada día nuestro caminar con Dios. Cada día debemos seguir diligentemente la dirección que nos marcan las Escrituras y la Palabra de Dios. Una de las cosas maravillosas sobre la guía del Espíritu Santo es que nunca nos lleva en dirección contraria a la enseñanza clara y directa de la Palabra de Dios. Por mucho que lo diga, nunca será suficiente.

La clave para disciplinarnos en el ámbito de la obediencia es tener siempre en mente a quién somos obedientes. Por supuesto, la determinación de mi obediencia es encontrarme con Dios. El escritor del himno lo expresó de esta manera: "Confía y obedece, pues no hay otra forma de ser feliz en Jesús".

Los cristianos más desgraciados de la Iglesia de hoy son aquellos que caminan en desobediencia. Debemos disciplinarnos radical e inmediatamente para obedecer la Palabra de Dios.

Haz sitio para su presencia

La experiencia de la presencia de Dios es un peregrinaje que llena de alegría y fascinación absolutas al creyente. ¡Qué triste es que algunos vivan toda la vida como si todo se pudiera explicar! ¡Oh, amigo, deja sitio para el misterio en tu vida cristiana!

Somos cristianos muy ajetreados. El calendario normal de una iglesia tiene actividades cada día y cada noche de la semana. Creo que muchas de las cosas en nuestra vida y en nuestro calendario deben desaparecer. A menudo hacemos cosas simplemente porque las hemos hecho antes. O bien seguimos el instinto de la manada, y las hacemos porque las hacen otras personas. Me temo que el cristianismo no es alérgico a las modas.

Todas estas cosas obstaculizan nuestra experiencia de la presencia consciente y manifiesta de Dios en nuestra vida cotidiana. No estoy hablando de las cosas pecaminosas, sino de aquellas que nos impiden avanzar hacia su presencia. Lo que hoy necesitamos es un discernimiento espiritual, junto con el coraje para identificar tales cosas y arrancarlas de raíz de una vez por todas.

Si sabes que alguien vendrá a visitarte, cancelarás todo y harás preparativos para recibir a ese invitado. Hagamos sitio para este invitado, nuestro Señor. Y que no sea un mero invitado, sino más bien un compañero íntimo en nuestro caminar diario.

Confío en que Dios, en su bondad, te lleve a tener una experiencia profunda de sí mismo cuando le busques de todo corazón.

Dios está presente

Gerhard Tersteegen (1697-1769)

¡Dios está presente!
Vamos a postrarnos
ante Él con reverencia;
en silencio estemos
frente a su grandeza,

implorando su clemencia.
Quien con Él, quiera andar,
su mirada eleve;
votos le renueve.

¡Dios está presente!
y los serafines
lo adoran reverentes;
“Santo, santo, santo”
en su honor le cantan
los ejércitos celestes.
¡Oh, buen Dios! nuestra voz
como humilde ofrenda
a tu trono ascienda.

Como el sol irradia
sobre el tierno lirio
que contento se doblega,
Dios omnipresente
ilumina mi alma
y feliz yo te obedezca;
haz que así, tú en mí
seas reflejado,
y tu amor, probado. Amén.

Trad. Marta Weimüller
Adaptación: Juanita R. de Balloch

Para Tozer, el Evangelio de Juan fue su libro de la Biblia favorito, y el enfoque de estos escritos (adaptado sde sermones que predicó a sus feligreses) es la encarnación y su significado en la vida de los creyentes. Ningún otro escritor del Nuevo Testamento, ni siquiera el apóstol Pablo, presenta a Cristo con una pasión igual a la de Juan, a quien Jesús le llamó el Amado. Tozer desafía a los lectores a descubrir un deseo fresco e incontenible por Él.

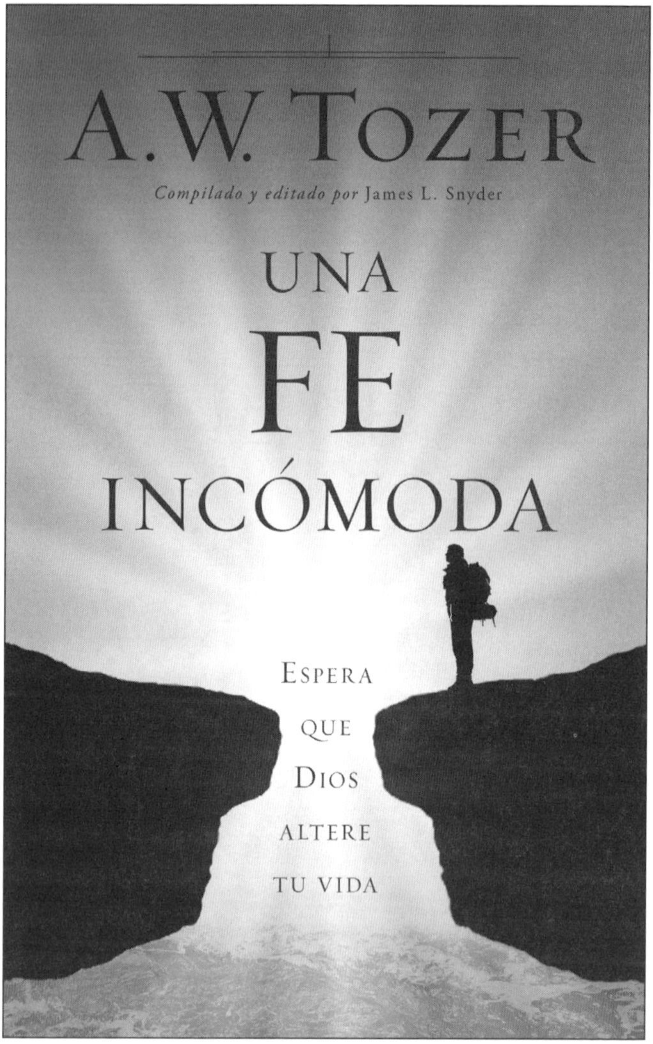

La palabra fe es de uso frecuente en estos días, pero poner nuestra fe en Dios es una decisión de peso, sorprendentemente cargada de consecuencias y, por diseño divino, inconveniencias. En las páginas de este libro, A. W. Tozer insiste en que la fe genuina genera insatisfacción con esta vida, al apartarnos de nuestra dependencia de las cosas terrenales y prepararnos para la vida futura. Los lectores aprenderán a estar contentos con este descontento inspirado por la fe y a experimentar una nueva esperanza para la eternidad con Dios.

A. W. Tozer dijo: “El peligro se acerca a la vida cristiana desde tres frentes: el mundo en el que vivimos, el dios de este mundo y nuestra carne corrompida”.

Tozer centra la atención en esos pocos creyentes que prestarán atención al llamado a despertarse en medio de la gran tentación al mal que nos rodea y confiarán en que Dios siempre obra cuando hay uno o dos que escuchan su voz y se niegan a cansarse en su búsqueda de Él.

EDITORIAL
PORTAVOZ

NUESTRA VISIÓN

Maximizar el efecto de recursos cristianos de calidad que transforman vidas.

NUESTRA MISIÓN

Desarrollar y distribuir productos de calidad —con integridad y excelencia—, desde una perspectiva bíblica y confiable, que animen a las personas a conocer y servir a Jesucristo.

NUESTROS VALORES

Nuestros valores se encuentran fundamentados en la Biblia, fuente de toda verdad para hoy y para siempre. Nosotros ponemos en práctica estas verdades bíblicas como fundamento para las decisiones, normas y productos de nuestra compañía.

Valoramos la excelencia y la calidad
Valoramos la integridad y la confianza
Valoramos el mérito y la dignidad de los individuos y las relaciones
Valoramos el servicio
Valoramos la administración de los recursos